终身写作，让人生有更多可能！

新媒体写作

赵博平 著

从提笔就怕到成就IP

清華大學出版社
北京

内 容 简 介

本书系统地阐述了有关写作的理念、思维和方法论，内容包括写作认知、选题定位、框架思维、精品内容、爆文的底层逻辑、精准转化、引爆 IP、终身写作。本书中运用了大量案例来解读写作的每一环节和巧妙技法，因此既是一本写作入门手册，也是一本写作实战书，可助力读者更新写作思维，从提笔就怕到成就 IP，养成终身写作习惯，通过写作实现人生的更多可能。

本书适合想要系统地提升写作能力，通过写作培养核心竞争力，打造个人品牌的职场人士（特别是教育培训人员、新媒体从业人员）、创业者、在校学生等群体阅读。读者根据书中内容，系统地学习和训练，一定能够提升写作的综合能力，创造出更多优质内容。

图书在版编目(CIP)数据

新媒体写作：从提笔就怕到成就 IP / 赵博平著 . —北京：清华大学出版社，2023.11
ISBN 978-7-302-64874-1

Ⅰ . ①新…　Ⅱ . ①赵…　Ⅲ . ①新闻写作　Ⅳ . ① G212.2

中国国家版本馆 CIP 数据核字 (2023) 第 214762 号

责任编辑： 张立红
封面设计： 毛　木
版式设计： 方加青
责任校对： 冯婷婷　卢　嫣　王　奕
责任印制： 宋　林

出版发行： 清华大学出版社
网　　址： https://www.tup.com.cn，https://www.wqxuetang.com
地　　址： 北京清华大学学研大厦 A 座　　**邮　　编：** 100084
社 总 机： 010-83470000　　**邮　　购：** 010-62786544
投稿与读者服务： 010-62776969，c-service@tup.tsinghua.edu.cn
质 量 反 馈： 010-62772015，zhiliang@tup.tsinghua.edu.cn
印 装 者： 三河市东方印刷有限公司
经　　销： 全国新华书店
开　　本： 148mm×210mm　　**印　　张：** 8.375　　**字　　数：** 202 千字
版　　次： 2023 年 11 月第 1 版　　**印　　次：** 2023 年 11 月第 1 次印刷
定　　价： 59.80 元

产品编号：101672-01

各方赞誉

作为推荐人，我想对读者朋友说三句话：

一、赵老师是真正的写作高手。

二、她分享的方法特别管用，价值万金。

三、如果你想要提升自己的写作能力，如果你想要升级自己的个人品牌，相信我，这本书一定可以帮到你！

——剽悍一只猫

个人品牌顾问，《一年顶十年》作者

有没有发现个人品牌做得好的人，大部分都会写？

写个人故事、拍短视频、做直播都离不开写作。

借助新媒体写作还能放大自己的势能，想做好个人品牌，就看看牧柔老师的《新媒体写作：从提笔就怕到成就 IP》吧！

——秋叶

秋叶品牌、秋叶 PPT 创始人

写作不是作家的专属，是每个人必备的技能。牧柔在这本书里用有趣的文风，系统地讲解新媒体写作的方法，实操性非常强，相信可以打通你写作的任督二脉，帮助你通过写作创造更多可能性。

——弘丹

弘丹写作创始人，当当影响力作家，《精进写作》作者

3 天写出 2 篇 100 万 + 爆文，牧柔根据自己多年的实战经验，把真实案例一一剖析给你看，一看就懂，一学就会，一用就有效。

——弗兰克

畅销书《多卖三倍》作者

对于有些人来说，写作是一个拿起笔就能完成的工作，所谓“倚马可待”；对于另一部分人来说，写作又是一个很让人头疼的问题，所谓“搜索枯肠”。造成这两种差别的原因有很多，但不懂写作技巧确是一个实实在在的问题。衷心推荐这本书，通过这本书先掌握一定的创作技巧，再到大巧无巧，直到最后得心应手，这样就会彻底掌握写作。

——尹正平

当当网第五届影响力作家，《国学三千年》作者

这本书如一把短小精悍的钥匙，可以打开你写作的潜能宝库，帮助你更好地掌握新媒体写作的精髓，开启内在的创意灵感。

——曾散

长沙市作协副主席，《半条被子》作者

写作无门槛，它是普通人最好的自我投资和最佳逆袭的方式。这本书中关于新媒体写作的公式和方法都特别实用，相信你读过书后会大受启发。

——陈清贫

陈清贫写作网校校长，原《知音》杂志资深主任编辑

这本书有满满的诚意和干货，有写作的底层逻辑，也有成就个人IP的实操过程；有入门技巧，也有进阶妙招。对热爱写作和渴望打造个人品牌的读者而言，这无疑是一份很棒的礼物。

——艾小羊

畅销书作家，公众号“我是艾小羊”主理人

在这个信息爆炸的时代，写作已成为普通人逆袭的最佳武器。本书的亮点在于，不仅从新媒体写作的技巧入手，分享提高写作能力的实战经验，更注重挖掘写作潜能和个人优势，通过多种全方位的技法来成就IP。如果你想要提高写作能力，走上成就IP的道路，这本书值得一读！

——李菁

畅销书作家，女性个人品牌商业顾问

新媒体，让每一个平凡的个体都可能被看见。在本书中，作者“有道有术”，既能帮助大家攻克写作疑难杂症，又从心智层面建立起内容系统，以写作为核心搭建起一个帮助普通人打造个人IP的旋转飞轮，是多维度的、可实操的，极有成长参照意义。

——闫晓雨

“95后”畅销书作家，《追得上星星的女孩》作者

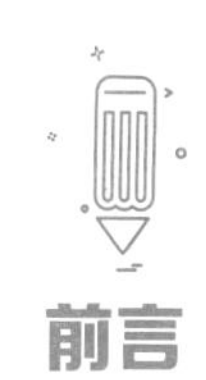

为什么你的新媒体文就是不能转化　前言

喜欢文字、渴望上进的你→充满信心地写了一篇文章→却屡被拒稿→重振旗鼓报班学习→还是失败→各种班报了一圈→没有转化或稿酬少得可怜→初心已忘，定位模糊→觉得没动力写了→心碎满地，一声叹息

热爱文字的你，是否在新媒体转化的道路上曾经遭遇挫折和打击?

渴望靠新媒体写作实现副业的你，是否苦心钻研，却仍是雾里看花?

如何不再重蹈覆辙？我建议你从以下几个方面突出重围。

要有打持久战的准备

尝试新媒体写作的原因可能有无数种，但是最后都难免会惨遭这一劫——被拒稿。2020 年，我的一篇新媒体文被新华社转载，并被人民出版社的《夜读》一书收录。但在此之前，我的写作之路伤痕累累，我摔过很多跤，更踩过不少坑。

如果你的初心是热爱，给自己多一点耐心，每一步都算数，时间不负追梦人；

如果你渴望快速转化，更要苦心修炼新媒体各门武功，内功越深，招式越强。

既然选择了写作，那就豁出去，放下你的玻璃心！尽最大的努力，做最坏的打算，比如稿费很低或者毫无起色。在新媒体内容同质化越发严重的当下，大批的写作者涌入这个赛道，要想出类拔萃，唯有劳人所不愿，勤人所不及，能人所不能，才能站稳脚跟。

新媒体写作 = 满足特定读者的服务业

在新媒体写作中，要始终牢记一句话："写给特定的读者看。"这就是用户思维的核心。在写作之前，你需要对你的目标读者进行深入的分析和了解，以此为基础来进行选题和构思。

具体而言，你可以通过思考以下几个问题来明确目标读者。

- 你的目标读者是谁？他们的年龄、性别、职业、兴趣爱好、社会阶层、文化背景是什么？
- 他们为什么会对你的文章感兴趣？你的文章可以解决他们的问题或提供他们需要的信息吗？
- 你的文章应该采用什么样的形式和语言来吸引他们的注意力，并让他们产生共鸣？

相信我，你的读者画像越清晰，你的文章数据就会越好看。

通过深入地了解你的目标读者，你能够更好地创作出满足他们需求和兴趣的内容，从而提高你的阅读量和影响力。同时，你也需要时刻关注读者的反馈和需求变化，不断地调整你的写作策略，让你的文章一直保持吸引力和价值。

寻找作者和读者之间最大的交集

奥美广告创始人奥格威在《一个广告人的自白》里说过："消费者不是低能儿，她是你的妻子。"新媒体写作并不要求你对读者进行严谨的说教，而是要和读者"谈恋爱"。要充分发挥自己的优势，在读者需求和自身特长之间寻找交集。如果你不擅长某个领域却强行写作，读者就会立刻识破；如果你勉强自己去迎合读者，最终也难以持久。

不断尝试不同领域的写作，如果你善于写观点文，那就深入挖掘并输出有深度的观点；如果你对热点话题有敏锐的嗅觉，那就将精力聚焦在热点上。

作者和读者之间，唯有共赢，才能长情。

比能力重要 1000 倍的，是你的底层操作系统

“如果把人想象成一部手机，人的情绪是底层的操作系统，他的能力只是上面的一个个 App。”湖畔大学的梁宁如此说。

在我看来，人的认知同样如此，它决定了我们的选择、格局和视野。拆掉思维的墙，写作也可以很快乐，彩蛋俯拾皆是。你永远写不出认知以外的爆文，唯有不断迭代写作思维，选准赛道，才能够逆风翻盘。

掌握关键技能，打造个人品牌

新媒体写作的关键在于内容和传播。优质的内容是基础，而传播则是它的关键。因此，除了提高自己的写作能力，你还需要掌握一些基本的传播技能，比如 SEO、社交媒体营销、影响力营销等。此外，建立个人品牌也是非常重要的。通过自己的专栏、微博、公众号等平台，你可以展示自己的写作风格和专业知识，提高自己的知名度和影响力。同时，定期更新和维护自己的平台，保持读者的关注度和互动性。

保持学习和创新

新媒体行业发展迅速，变化也非常快。因此，保持学习和创新是非常必要的。你要时刻关注行业动态和趋势，学习新的写作技巧和传播策略，不断改进自己的写作和营销方式，以适应市场的需求和变化。同时，要不断创新，探索新的写作领域和方向，拓展自己的创作思路和能力。

新媒体写作的道路各不相同，或厚积薄发，或经历漫长摸索。无论怎样，这条路必然洒满汗泪。但是，抵达佳境的每一步都会被深深铭记。

只要不失热情、耐心和努力，总会迎来成功的那一天。

南方周末总编辑王巍曾说："只要我们决定奔赴，无论世界在哪里，写作终将抵达。"

与你共勉。

自序
来写作吧，你值得也应该被看见

亲爱的读者朋友：

你好，见字如面！

我想，这世间所有的遇见都是久别重逢。希望你不要把这些文字当作一本“书”，而是当作一个远方朋友的聊天吧。你写作的痛，我都尝过；你写作的泪，我都流过。希望交心谈过，你能行囊满满，眼里带光！

我并不比你优秀，我在写作上踩过不少坑，走过很长的弯路。

但是，我希望我踩过的坑，你可以轻快地跳过或绕开，更希望那些凛冽的寒风，吹到你时能够温柔一些。

——寄读者朋友

这些年，很多人问过我："写作这么难，为什么你还在坚持？"

我没有直接回答，而是讲了两个故事。

有一天傍晚，我照常在一个作家的学习群里学习。突然，他在群里说："我在年轻的时候，曾经去一个很偏远的地方采访，换了4种交通工具，我撂下狠话——这个地方绝不再来！后来，我写的这篇文章在社会上引起了很大反响。"

大家都在等待他的后文，没想到他说："今天，故事的主人公过世了，他的家人打电话告诉我：‘谢谢你，要不是你，他的故事可能这辈子都无人知晓……’”

作家的笔，改变了他人的命运。

另一个故事是关于我的。

记得某个雨天，我加班到深夜，一路顶着暴雨狼狈地回到家，身心俱疲。突然，有个外地的读者加我好友，他有点激动地说：“你那篇文章写得太好了，我读了整整十遍，我转发给周围的人，他们也很喜欢，谢谢你！”

我听后颇感诧异，我只是借由文字的出口逃离生活，却意外使他人得到了治愈，一丝成就感，在我心中油然而生。

小作者的文字，无意间治愈了他人，尽管是一小撮人。

笔下有人性洞察，笔下有温柔疾苦。

这些年，我经历了很多人和事，在至暗时刻，我被一些温暖所照亮，有千言万语想要传递。我渴望拥有丰沛的精神力量，借一支笔去感恩、照亮更多人，这是我今天仍然在写作的不竭动力。

回望我这些年的经历，写作，给我的生活带来了从未有过的改变。

18 岁，写作让我在大学里鼓起勇气四处采访；

23 岁，写作让我记录了热泪盈眶的支教岁月；

25 岁，写作让我在几万人的考试中脱颖而出；

28 岁，写作让我在茫茫人海中遇见对的另一半；

30 岁，写作让我登上千万粉级平台的头条，3 天写了 2 篇 100 万 + 爆文，被人民日报、新华社相继转载，因为阅读量非常突出，还被人民出版社《夜读》一书收录并出版。3 个月内我签约了“十点读书”，年底，我凭借十几万字的作品加入了作家协会。有不错的出版社向我抛来橄榄枝，我甚至结识了不少我很喜欢的作家，这是曾经的我不敢奢望的；

31 岁，还是因为写作被信赖，我首次担任课题主持人，在激烈的角逐中斩获鳌头。

让我惊喜的是，我将写作的底层逻辑告诉许多读者朋友，他们在一周内都实现了转化。可见，掌握了底层逻辑，人人都能成功。希望我的书让你疲惫的心得到些许按摩和治愈，感受到一丝柔软和清甜。

无论在哪个时代，每个人都希望被看见，这是内心深处的渴求。小人物也可以拥有大梦想，梦想面前人人平等。生活永远不会亏待任何一个怀揣梦想的人，即使是最微弱的光芒，也拥有自己存在的价值。

如今，写作是最易打造副业的方式，但我更愿说，她是思想的禅修、灵魂的安抚。

人人皆可成尧舜，愿每一个热爱文字的你都能够得偿所愿。

世界上唯一能影响他人的方法，就是明确告诉他想要的是什么，然后如何快速获得。

相信你会在这本书中找到答案。

2023 年 5 月 1 日

于湖南长沙

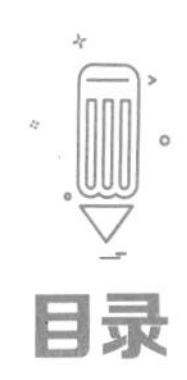

目录

第1章 认知觉醒

拆掉思维之墙，重塑写作 / 1

重塑新媒体认知，觉醒写作潜能 / 3

新媒体写作的特点是什么 / 3

精英主义 VS. 精品意识 / 4

你只需要比读者高明 10% / 5

制胜关键：差异化定位 / 5

新媒体写作的未来展望 / 6

提笔就怕就对了，谁还没点“困难症” / 7

时间缺乏症：努力成为马背作者 / 8

心神不宁：“离家出走” / 8

拖延症患者：破财消“懒” / 9

被嘲幻想症：聚焦自己 / 9

“内伤”患者：脸皮要厚 / 9

完美主义者：允许自己写出最烂的文字 / 10

佛系看淡：加大输入 / 10

效率太低：玩转写作 App / 10

3 天写出 2 篇 100 万 + 作品，我可以，你也可以 / 14
打怪升级：写作的 5 个阶段 / 14
选题和打磨，缺一不可 / 15
临渊羡鱼，不如退而结网 / 17
洞见初心，你为什么要写作 / 18
如何上稿人民日报、新华社等头部大号 / 19

停止重新发明轮子，会“抄”才会赢 / 21
对标范文 / 21
拆选题 / 22
拆大纲 / 24
拆素材 / 25
拆金句 / 26

第 1 章伴手礼 / 28

第2章 赢在选题

题好一半文 / 33

真的无题可写？日常寻找选题的 6 条路径 / 35
选题从共同“需求”里来 / 35
从自身出发，挖掘更多选题 / 36
随时输入，触发思考 / 37
紧盯热点，提炼选题 / 38
模仿他人，匠心独运 / 39
站在竞品的肩上 / 39

摸清 7 大底层逻辑，斩获高阅读量选题 / 41
关注度 / 41
名人效应 / 42
价值感 / 42
痛感 / 43
网感 / 44
成长路径图 / 45
生活场景图 / 45

独辟蹊径：素材七十二变，变出新选题 / 46
变换角度挖素材：将单个素材的优势发挥到极致 / 47
归纳选题特征，秒套选题公式 / 50

第 2 章伴手礼 / 52

第3章 掌舵思维
框架在手，写作不愁 / 57

人人都能学会的黄金框架模板 / 59

关于框架，你必须绕过的 3 个雷区 / 61
内容交叉 / 62
逻辑不通畅 / 63
内容过多或过旧 / 64

4 种框架公式，让你下笔如有神 / 65
并列式 / 65
对比式 / 67

递进式 / 68
SCQA / 69

第 3 章伴手礼 / 71

第4章 新媒体写作三绝

凤头、猪肚、豹尾 / 73

我为什么要读这篇文章——8 种好开头让读者欲罢不能 / 75
讲好故事，快速吸睛 / 76
提问开篇，拉近距离 / 77
引用名言，百试不爽 / 77
现象导入，引发共鸣 / 79
观点直入，表达立场 / 80
热点关联，引爆话题 / 81
推己及人，直击人心 / 82
制造场景，引发思考 / 82

精准秒搜素材，不再无米下锅 / 84
新手最容易获取素材的 7 个绝佳渠道 / 85
精准搜索：你缺的不是努力，而是技巧 / 87
怎样找到高级感十足的素材 / 88

我为什么要转发这篇文章——6 种好结尾让读者主动分享 / 93
总结全文，升华主题 / 94
金句收尾，促进转发 / 96
关联读者，引导留言 / 97

表达愿景，唤起美好　/　99
发起号召，赋予力量　/　100
温柔劝诫，叫醒读者　/　102

第 4 章伴手礼　/　104

第5章　直击爆文本质
打好人性这张牌　/　107

氛围感拉满：三个小妙招，让画面活起来　/　109
动态化——少用形容词，多用动词　/　109
形象化——多用比喻，感同身受　/　110
想象化——大胆想象，身临其境　/　111

30 秒造金句：为文章注入“爆款”基因　/　112
关联词造句法　/　113
巧用修辞法　/　115
搜词法　/　117
拆字法　/　118
混搭法　/　118
段子法　/　119
韵母押韵法　/　120

细节是魔鬼：身临其境，感受文字的呼吸　/　120
道清姓名地名，方显真实可信　/　121
填补语言细节，折射人物思想　/　122
刻画神态细节，丰富人物形象　/　124

聚焦动作细节，场景跃然纸上 / 125

谁不爱故事：打造读者的“鳄鱼脑” / 126
障碍＋行动＋转折＋结果 / 128
结果＋过去＋原因＋结论 / 129
目标＋障碍＋奋斗＋结果 / 131

加法写作：加料不加负，舒读者眉目 / 132
背景关系，清晰明确 / 134
但凡生涩，务必解释 / 135
单一观点，拓展维度 / 135
数据支撑，观点有力 / 136

减法写作：做三精作者，俘读者芳心 / 137
精心——给文章化化妆，眼前一亮 / 137
精简——给文章减减肥，清爽紧致 / 139
精准——给文章捋捋舌，舍大取小 / 142

第 5 章伴手礼 / 144

第6章 精准转化
1年顶3年 / 149

认知突围：转化必备的 5 大能力 / 151
定位能力 / 151
持续且优质的输入能力 / 152
数据分析能力 / 152
运营能力 / 153

蹭热点能力 / 153

轻松转化：5 分钟搞懂公众号转化 / 154

锁定目标公众号 / 155

熟悉投稿要求 / 155

投稿小锦囊 / 156

开通自己的公众号 / 157

转化有法：写作转化的 4 大进阶玩法 / 162

知乎 / 162

小红书 / 164

今日头条 / 166

百家号 / 169

升级有道：写作转化的 4 种高阶途径 / 172

知识星球 / 172

开设自己的写作课程 / 173

写作一对一咨询 / 174

写作社群 / 175

5 大魔法成交术 / 176

第 6 章伴手礼 / 178

第7章 引爆IP

搭建私域流量池，赋能写作 / 183

私域流量的红利，怎么抓 / 185

巧借公域东风，留下联系暗号 / 185

九宫格互推，资源互换 / 187
在社群做分享 / 187
持续输出，聚沙成塔 / 189

如何增强私域流量的粘性 / 190
给好友加标签并分组 / 191
主动破冰，链接新好友 / 191
朋友圈多互动 / 192
优化朋友圈 / 193
从 0 到 1，搭建社群 / 194

让写作把 IP 扶起来，打造个人品牌 / 195
为什么我们需要个人品牌？ / 196
个人优势分析，3 个问题选准定位 / 198
学会包装自己，打造独一无二的品牌 / 199
撰写个人品牌故事 / 200
选择创作方向和平台 / 201
借力打力 / 202
打造里程碑事件 / 203
创建专属百科名片 / 204

第 7 章伴手礼 / 205

第8章 终身写作
心智带宽，持续成长 / 207

高效写作：找到对的点，撬动写作潜能 / 211

随心性写作：信马由缰，破解禁锢思维 / 211
笔记法写作：边抄边悟，同步积累和创作 / 212
增补法写作：增补细化，解决枯燥无味 / 212
刻意性写作：精准努力，磨炼写作思维 / 212
卡片式写作：卡上拆分，发现写作之趣 / 213
一句话写作：文章是从一个句子长出来的 / 214
复述式写作：复制优秀，产出优秀 / 214
ChatGPT 写作：智能小帮手，写作不发愁 / 215

人人都能写一本自己的书 / 216
出书：成长的加速器 / 216
写书需要具备哪些条件 / 217
普通人如何出书 / 219

心智带宽：精准努力，你也能靠写作实现人生跃迁 / 222
目光长远：用未来愿景照亮现在 / 223
空杯心态：谦虚低调，终身学习 / 224
格局逆袭：从成为圈子里最差的那个人开始 / 225
深耕优势领域：平台和流量自会找到你 / 226
保持热爱：做长期主义 / 226
近悦远来：你若盛开，清风自来 / 227
修炼自己：用出世的心做入世的事业 / 227

终身写作：写作红利，远比你想象得多 / 228
普通人逆袭的最佳武器 / 229
记录生命：让人生有迹可循 / 230
疗愈内心 / 230

倒逼成长 / 231
促进沟通 / 231
有效社交，找到同类 / 232
写作是定投，是一项保值、增值的技能 / 232
实现价值杠杆，达到人生跃迁 / 233

第 8 章伴手礼 / 234

后记

怀拙诚感恩之心，只为写作沉醉 / 239
新媒体写作进阶书单 / 243

第1章 认知觉醒

拆掉思维之墙，重塑写作方式

新媒体写作是指在数字化、网络化时代，利用新媒体平台进行创作和传播的写作形式。新媒体平台如公众号、微博、抖音等，让作者可以更方便地发布内容，也让读者可以更轻松地接触到各种内容。

想要写出优秀的新媒体作品，就需要拆掉思维之墙，重塑写作方式。我们需要打破自己的惯性思维，跳出自己的认知限制，让作品更加丰富多样，展现出独特的思维和视角。

拆掉思维之墙，重塑写作方式

❶ 重塑新媒体认知，觉醒写作潜能

- 新媒体写作的特点是什么？
- 精英主义 VS. 精品意识
- 你只需要比读者高明10%
- 制胜关键：差异化内容
- 新媒体写作的未来展望

时间缺乏症

心神不宁

被嘲幻想症

拖延症患者

完美主义者

内伤患者

效率太低

佛系看淡

❷ 提笔就怕就对了，谁还没点“困难症”

❸ 3天写出2篇100万+，我可以你也可以

- 写作的5个阶段
- 选题和打磨，缺一不可
- 临渊羡鱼，不如退而结网
- 你为什么要写作
- 如何上稿头部大号

❹ 停止发明轮子，会“抄”才会赢！

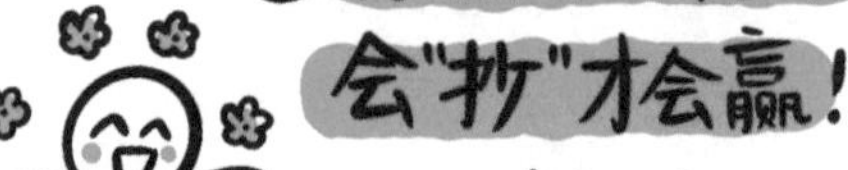

100万+

- 对标范文
- 拆选题
- 拆大纲
- 拆素材
- 拆金句

重塑新媒体认知，觉醒写作潜能

新媒体的出现，为写作提供了更多的机会和平台。过去，只有一些名家才有机会在纸媒上发表文章；但现在，任何人都可以在网络上发表自己的文章，获得更多的关注和认可。

在新媒体时代，我们需要去重塑自己对于写作的认知，唤醒自身的写作潜能。任何人都可以成为一位优秀的写作者，只要我们学习并实践写作技巧，关注和理解读者，写出吸引人的内容和故事，就可以在千万读者市场中脱颖而出，把更有深度和意义的内容带给读者，深入人心，书写属于我们的精彩篇章。

新媒体写作的特点是什么

如表 1-1 所示，新媒体写作改变了传统写作的形式和风格，它注重读者的阅读习惯和体验，要求文章短小精悍，内容易懂，具有传播力和互动性，让读者更易理解和接受。它的独特之处在于可以通过转发、点赞和评论等方式与读者实现互动和交流。

此外，新媒体写作的阅读场景也十分多样化，读者可能在地铁、马路或是饭后的 10 分钟里进行碎片化阅读。这种情况下，新媒体文章的排版要注重对话和交互，通常是两三行为一段，以提高读者的阅读体验。

同时，新媒体写作也有助于拓展写作者的影响力和人脉关系，增加自身的社会价值和影响力。通过创作优秀的内容，写作者可以积累粉丝和读者，建立自己的品牌和口碑，从而获得更多的机会和资源。

表 1-1　新媒体写作与传统写作的对比

对比项	新媒体写作	传统写作
平台	网络论坛、微博、公众号、抖音等	报纸、杂志、书籍等
篇幅	短小精悍	较长
阅读方式	浏览式、扫读式	细读式、跳读式
文字表达	简单易懂，生动有趣	讲究语言和文化，有深度
互动性	反馈互动、即时评论	互动较少
传播方式	社交媒体平台分享、口碑传播	由出版社、书店、传媒机构发行
发布速度	快速更新	更新周期较长
受众群体	广泛、面向年轻人	以中老年人为主
表现形式	多媒体混搭，图文并茂	以文字为主，辅以图片等
营销手段	引导式、融入式营销	以传统广告为主

精英主义 VS. 精品意识

当我刚开始进行新媒体写作的时候，时常听到这样的声音：“你写的不就是那些网上的文章吗？套路都一样，有什么可看的！”在许多人眼中，新媒体文章都是一样的套路、一样的故事，缺乏新意，与传统文学相比，不够高雅。

事实上，很多人很难对超出自身认知水平的东西进行深度思考，而是借由碎片化阅读得到启发和慰藉。想要进行新媒体写作，首先要摒弃“高大上”的“精英主义”。

清华大学从 2018 级学生开始推行“写作与沟通”必修课，并在 2020 年将其扩展到了所有本科生。这门课程的定位如下。

“写作与沟通”课程定位为非文学写作，偏向于逻辑性写作或说理写作，以期通过高挑战度的小班训练，显著提升学生的写作表达能力，提高沟通交流能力，培养逻辑思维和批判性思维的能力。

这说明国内最顶尖的学府已经意识到非文学写作的重要性。类似于清华大学的“写作与沟通”课程，新媒体写作注重逻辑性和说理性写作，强调写作在实际应用中的价值。

它虽并非像传统文学那般宏伟，但其传播力量取决于内容的优质程度，一样需要匠心打磨。在新媒体领域，精英主义有可能会让我们曲高和寡，但精品意识会让我们大放异彩。

你只需要比读者高明 10%

“六神磊磊读金庸”公众号的主理人王晓磊曾提到一个“半步理论”：你提供的知识边界不多不少，领先读者半步就可以，而且重要的是你知道读者的知识边界在哪里。否则，在读者完全不熟悉的领域，他们的阅读很难继续下去。**所以，我们只需要比读者高明 10%，高太多他们会理解不了我们。**

要做到这样，你要有深厚的底蕴。想要给读者一滴水，我们需要有一桶水。如果我们和读者一样，每天靠碎片化阅读输入，这桶水很快就会干涸。这 10% 更侧重于思考的深度和广度，我们要学会挑书看。

只有在经典作品和名家著作的滋养下，我们的作品才会更具内涵和底蕴。新媒体文章不应该成为我们写作的天花板，而是借由这个低门槛的自由平台，我们能够更好地传递自己的思想。

制胜关键：差异化定位

新媒体写作的关键在于定位，包括内容定位、认知定位、心智定位，以及平台定位等。因此，新媒体写作者需要通过差异化定位，来建立自身在受众心中的独特形象和印象，以便在激烈的市场竞争中脱颖而出。

在具体实践中，写作者可以通过以下几个方面实现差异化定位。

（1）定位目标人群。了解他们的需求、兴趣和特点，并制定相应的写作策略。

（2）突出与众不同的个人特色和创新点。通过独特且深入的思考，提出新的观点和见解。

（3）优化平台，以符合目标人群的口味。形成独具特色的内容与形式，确保受众会记住自己。

差异化定位对新媒体写作者来说十分重要。只有形成与众不同的定位，才能够在众多的新媒体写作者中脱颖而出，吸引更多的潜在受众。

新媒体写作的未来展望

这几年，总有人唱衰公众号。其实不然，公众号的经营其实是经营人群，是价值观和审美观相一致的人群聚合在公众号上的结果。

公众号的成功在于有效地管理人群，而非简单地发布内容。只有了解受众的需求、兴趣和价值观，才能够精准地呈现出与之相一致的内容。这里的受众就是一个聚合的人群，他们在公众号上聚集起来，分享和交流着各自的观点和思想，共同形成独特而有价值的内容生态。

随着信息技术的不断发展，新媒体写作的形式和风格也在不断变化和创新。未来，新媒体写作将更加个性化、智能化和多样化。

例如，随着人工智能技术的发展，新媒体写作也将更加注重情感和体验的传递，让读者更加沉浸在文章中，产生思想和情感共鸣。此外，多媒体技术的应用也将会越来越广泛，让写作形式更加丰富多彩。

总之，新媒体写作是一个不断创新和发展的领域，要想在这个领域立足，需要不断提升自己的写作能力和创新意识，紧跟时代的步伐。

重塑新媒体认知，不单是要把写作转变为多媒体信息进行处理，并与读者通过互联网互动，更要明确自己的立场，掌握当下流行趋势，了解读者的喜好，去突出自己的优势，创造出新的价值，不断优化自己的写作技巧。

提笔就怕就对了，谁还没点“困难症”

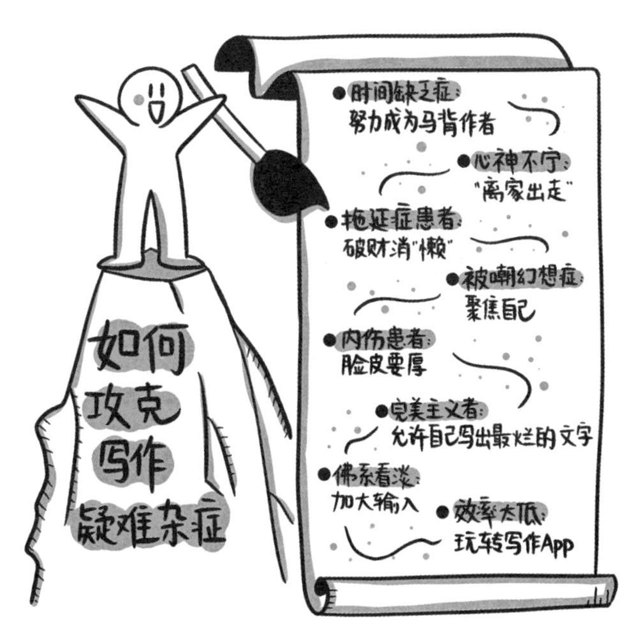

在医学界，特鲁多医生有句名言流传甚广：“有时是治愈，常常是安慰，总是去帮助。”其实，写作者的笔何尝不像医者一般，能够

安抚无数读者的心灵。

然而，很多写作者因为各种各样的“疑难杂症”，导致作品难产。有的人效率很低，有的人时间不够，还有的人追求完美而迟迟未能动笔……如果决心要写出好的作品，写作者必须“对症下药”，才能让自己产出有温度的作品，疗心渡人。

时间缺乏症：努力成为马背作者

不管是朝九晚五的上班族，还是琐事缠身的家庭主妇，很多人最大的问题是没有时间写作。

回顾历史，无论是边塞诗人王昌龄，还是金戈铁马的毛主席，都给后人留下许多脍炙人口的诗句。事实上，马背上打仗才是他们的主业，在局势紧张、枕戈待旦之时，他们也能抽出时间进行文学创作。所以他们在时间管理方面很值得我们借鉴。

今天的我们不需要冲进战场，但也可以合理利用碎片化时间，成为出租车、飞机、高铁上的“马背作者”，在等车、排队、洗漱、搞卫生时都可以听书或者语音输入文章。

只有先利用好碎片化时间，尽最大努力进行大量输入，然后才能做到提起笔时文思如泉涌。以上班族为例，上班路上可以用微信读书听书，思考选题；午饭后的休息时间可以花十多分钟寻找素材；晚上散步时可以搜索金句；第二天可以利用整块时间专注地完成一篇稿子。

心神不宁：“离家出走”

大多数人下班后喜欢躺在沙发上刷视频，缓解一天的疲劳。有些人即使下班了，也会神经紧绷，心思还停留在工作或其他琐事上，无法静下心来写作。此外，孩子的哭声、老人的炒菜声、楼道的噪音等也会让写作者难以进入状态。

这时可以采取“离家出走”式写作法。离开家门去外面写，找一家安静的书店、自习室或小区内安静的角落，静谧的环境会让浮躁的心绪一扫而空。哪怕是每天留给自己半小时的写作时间，觉察自己，写作也会带给我们内心沉静的力量。

拖延症患者：破财消“懒”

很多人总是想准备好了再写作，于是纠结着、拖拉着，完稿就遥遥无期了。这时，最好的办法是在朋友圈或者小群里公示，请求大家监督，如果不能在限定日期前完成作品，就给每人发一个大红包。

俗话说：“人都是逼出来的。”这种豁出去的心态以及众人的监督，会让我们快速提高写作效率。另外，也可以设定自己的小目标，每天写500字，完成后奖励自己，比如看一部电影或者吃一份美食，让自己有成就感和动力。

被嘲幻想症：聚焦自己

有些写作者在写作门前徘徊不前，担心自己的作品不够好，可能会受到周围人的嘲笑。但实际上这种担心是多余的。首先，大家都很忙，没有那么多时间去嘲笑别人。其次，每个人的写作风格和经验不同，就像烹饪一样，就算使用相同的食材和配料，不同的人也能做出截然不同的味道。勇敢大胆地开始动笔，我们就已经成功了一半。

“内伤”患者：脸皮要厚

对于很多写作者来说，最容易击败他们的不是拒稿，而是没有反馈。前路茫茫，让人觉得一切都不确定。这种写作者往往比较内向。要治疗这种“内伤”，可以尝试以下方法：主动联系编辑询问原因；此外，要和其他写作者建立良好的关系，虚心请教对方，互相提供建议；还可以去参加写作班，获得最全面的反馈，逐一突破自己的难点。

完美主义者：允许自己写出最烂的文字

村上春树说："不存在十全十美的文章，如同不存在彻头彻尾的绝望。"

对于完美主义者来说，永远都不会准备好，所以要记住 6 个字——"先完成再完美"。

建议先把想法和内容写下来，不要过于纠结每一个字句，完成草稿后再慢慢地修改和润色。同时，可以让其他人审查和修改自己的作品，获得不同的意见和建议，从而提升文章的质量和流畅度。

佛系看淡：加大输入

对于佛系写作者来说，他们可能会有点难以感受写作的激情。这可能是因为他们的输入量不够，需要多去接触一些新鲜事物，激发自己的创造力和灵感。

可以通过设立明确的阶段目标、积极思考并发现写作主题、增强输入思维、采用好的写作工具、走出舒适区等方法，来提高输入效率和频率，克服佛系写作者常见的拖延症问题，提高写作的质量和速度。

效率太低：玩转写作 App

在写作过程中，我们还会经常遇到效率低下的问题，这时需要学会借助多种工具提高效率。以下是一些实用的写作工具，可以帮助我们更高效地完成写作任务。

1. 印象笔记——随时记录灵感

印象笔记号称能“管理你的第二大脑”。不论我们碰到什么好点子或是金句，都可以复制粘贴或是直接记录到印象笔记中。它还有剪藏和深度搜索功能，让我们备份信息更快捷，搜索更便利。印象笔记是标题库、素材库和结尾库的不二之选。

2. 幕布——大纲神助攻

幕布是一款大纲软件，可以帮助我们梳理思路、厘清头绪。它的结构化写作能力很强，可以帮助我们查漏补缺、提高写作效率。

3. 石墨文档——高效协作

我们可以使用石墨文档这款在线文档协作工具来帮助管理和

编辑文档。它可集中储存文件和设置管理权限，是一种高效的协作方式。

4. 讯飞语记——快速便捷

讯飞语记可以把语音转化为文字。还可以在微信上给自己发语音，再进行整理。这种方法的效率很高。

5. 纸条——激发灵感

纸条里有激发写作灵感的短句，也有各种写作素材。我们可以根据自己所处的学习阶段，制订相应的学习计划。

6. 句读——金句仓库

句读中有各种名言和金句，我们可以引用到文章里，增加文章的文采。

7. 微信读书——移动的图书馆

微信读书是一个很棒的阅读软件，里面有海量的、种类繁多的书籍可供我们阅读。我们还可以在阅读时划线做笔记、看评论。微信读书也有 AI 语音朗读功能，让我们可以边走路边听书。

8. 反向词典（万词王）——词穷神器

反向词典这款小程序是清华大学开发的，能帮助我们快速消灭词语荒漠。当我们遇到难以准确表达某个意思的情况，可以使用反向词典并输入相应的关键词，找到 100 个近义词。

9. 据意查句——文案神器

据意查句这款程序也是清华大学开发的。只要我们输入想要表达的意思，就可以查到对应的名言名句，包括中外名言、台词名言、古诗词（自带翻译）等。

10. 得言——金句小仓库

得言里面有超全的语录，包含励志成功、温暖陪伴、减压放松、节日祝福等不同类型，我们还可以根据自己的喜好来选择推荐的语录类型。

11. 岛读——重温经典

岛读每日精选经典好文，可以满足我们日常的阅读需求，也可以拆解优质文章的素材进行学习。

12. Get写作——新手小秘书

Get写作是一款AI写作辅助工具，具有语义理解和大数据分析功能，不仅可以进行原创检测，还可以取标题、改写文章、搜索素材等，帮助用户生成高质量、流畅的文章，有效提升写作的效率和精度。

13. 秘塔写作猫——修改助手

秘塔写作猫有三大核心功能——纠错、续写、改写，还能修改文章的语法错误等。

我们可以根据自己的习惯灵活运用以上写作工具。此外，市场上还有许多其他实用的写作工具，我们可以根据自己的需要进行选择。

引用王阳明的话："如人走路一般，走得一段，方认得一段；走到歧路处，有疑便问，问了又走，方渐能到得欲到之处。"不要为了等待完美而迟迟不行动，要在行动中不断积累经验并提高自己的写作水平，先完成再完美，只要出发就会到达目的地。

一切顽疾都是写作路上的纸老虎，因为"马上去写"可以治疗一切写作疑难杂症！

3 天写出 2 篇 100 万 + 作品，我可以，你也可以

当我 3 天写出 2 篇 100 万 + 作品，登上“十点读书”头条，并被人民日报和新华社相继转载时，很多人夸我是打通了任督二脉，人生开挂了。可是只有我自己知道，所有的人生开挂，不过是厚积薄发！

打怪升级：写作的 5 个阶段

第 1 阶段：自我摸索，但极其痛苦。我看了很多别人的爆文，不知道好在哪里，研究来研究去，还是别人天天发，自己天天看，耗时很多，却颗粒无收。

第 2 阶段：痛定思痛后，我决定投入学习。刚开始写新媒体文，我听到的最多评价是“写得太平、写得太硬”，完全傻眼。后来才知道意思就是“选题、故事太过平淡，语句太生硬，读者很排斥”。于是我继续听音频课，做笔记，拆解爆文，看别人的选题和小标题，以及彼此之间的逻辑。

2019 年，即使工作繁忙，我也在周末多次前往北京学习，在高铁、飞机上研究写得好的文章。那么我的付出就立即得到回报了吗？

并没有，那时的我做了一堆笔记，报了不少课程，还是没有摸清新媒体创作的底层逻辑，更不用说怎么写出 10 万 + 作品了。

第 3 阶段：改稿多次，耐心打磨。有时候从初稿到成稿改了 10 遍，这让我倍感煎熬，不断怀疑自己，但过后我还是决定埋头继续写。

慢慢的，我找到感觉了，从 6 遍过、3 遍过到现在 1 遍过，简直就是打怪升级。不会写的时候手足无措，于是我静下心来再次看学习的课程，对照自己的问题进行整改，一点点地完善作品。

第 4 阶段：内心强大，相信自己。记得刚开始投稿时，我次次

被拒稿，因为选题都很老套，这让我很受打击。我冷静过后还是不甘心，继续写，终于写出了一篇被多家平台转发的文章。所以，抗压能力非常重要。

第5阶段：签约平台，持续输出。我写了很多新的选题，收入倍增，同时在进入更大的圈子后，我越发明白了自己的渺小，需要学习的地方还有很多，于是继续学习，继续写作。

选题和打磨，缺一不可

2020年，我尝试给“十点读书”投稿，该写什么选题呢？我那时完全没有选题意识，只想写一个自己能写且感兴趣的选题——对亲人好好说话。

据我观察，很多人都有一个痛点，对外人客客气气，对家人说话不太注意。

于是，我通过一个常见的母女对话场景和名人案例，写了一篇《真正的教养，是对家人和颜悦色》，没想到登上了“十点读书”的头条，当天晚上这篇文章就爆了，阅读量达到150多万。

两天后，我的另一篇文章《别把对你好的人弄丢了》再次登上“十点读书”的头条，阅读量达到133多万。

第一篇文章被新华社《夜读》栏目转载，第二篇文章被人民日报转载。能够被官媒转载，这对于写作者来说，是一种无上的荣耀。

更不可思议的是，9月时编辑找到我，说人民出版社要出版一本《夜读》，选了近几年《夜读》栏目阅读量最好的前100篇文章，而我的那篇《别把对你好的人弄丢了》有幸被选中。当时的我简直不敢相信！

时隔一年，当《夜读》一书从人民出版社寄到我家时，我庆幸自己选择了新媒体赛道，更庆幸自己当初坚持下来了。

当我写作时，我只想收获一滴海水，新媒体却回馈我一片海洋！

这两篇文章制胜的关键之一在于选题，后来很多作者选择这两个选题写作，阅读量还是很好的。我误打误撞，从自己的内心出发，却不经意切中了大多数读者的痛点。可以说选题占了成功的 50%。

另一个关键在于打磨。要勇于迎接各种狂风暴雨般的批评，逻辑混乱，那我再多写几个大纲；论述普通，那我再多改几个版本；案例普通，那我再花几天搜索素材。改 10 遍也没关系，要耐心地雕琢作品。

这些年我似乎习惯了批评，听到残酷的话，即使心碎满地，我也会弯腰把碎片粘好，重新出发。因为我知道自己的目标是写好，其他都不足以为之内耗。

其实，写废一篇新媒体文的本质只有一句话——“我不要你觉得，我要我觉得”。

这是某明星在综艺节目的一句口头禅，因为扎心而广为流传。

由此，我们可以盘点新媒体写作的八大雷区及排雷方案，如表 1-2 所示。

表 1-2　新媒体写作八大雷区及排雷方案

要素	雷区	排雷方案
选题	以自我喜好为中心，无视读者需求	关注读者需求，挖掘读者痛点，以读者为中心
语言	以说教为主，没有击中读者内心	简洁明了，使用平易近人的语言，避免过于晦涩的句子
故事	老套陈旧，虎头蛇尾，缺乏细节	新颖有趣，有张有弛，适当增加悬念与细节描写
结论	强行说理，不提供方法	提供具体的方法和实践建议
画面	太过单调，无法触动读者	使用生动的形象和丰富的图文

续表

要素	雷区	排雷方案
标题	味同嚼蜡，苍白无力	有吸引力和独特性，使用富有表现力的词汇
推广	自我欣赏，不敢公开写作	利用社交媒体等渠道进行推广，与读者互动交流
实用性	纯属自嗨，和读者没有任何关系	贴近读者的实际生活，有可行性和可操作性

临渊羡鱼，不如退而结网

任何写作者的创作之路都不容易，与其羡慕别人的成绩，不如自己拿起笔开始创作之旅！在写作过程中，建议你至少要做到下面这两点。

1. 放弃玻璃心

写作过程中，我挨过许多批评，伤过很多次心，也遭受了不少嘲笑和冷眼，一边崩溃一边自愈，跌跌撞撞，所幸靠给自己打气走过来了。

我无数次怀疑过自己是否能真正写好文章，我没有答案，于是去读名人传记，去认识写得好的作家。无数普通人奋斗的故事激励着我：可以的，一定可以的，再换一种方式试试吧！

你一定要相信一句话，那就是成功可以复制。很多东西没有那么难，你暂时没有成功，可能是因为缺乏方法。只要摸清底层逻辑，人人都能成功。

2. 舍得投资自己

为了学习写作，我花了很多时间去钻研，坚持阅读，也跟随不少老师学习。即使费用昂贵，我咬咬牙还是报了班，投资自我永远不亏。

去更好的圈子和写作者交流，去向不同的老师请教，多买几本写作书……如果去计较付出的时间或金钱等，任何一项都会让你乘机撤退。一切只不过是考验你对实现梦想的渴望程度。

当你进入更好的圈子，就会发现许多卡点竟然顺带打通了。更多高能量的人给予了我前所未有的启发，我的目标随之变得清晰，也找到了不少学习标杆。

洞见初心，你为什么要写作

进行新媒体写作前，你要想清楚下面几件事。

1. 你为什么要学习新媒体写作

你学习写作是想要快速转化，还是把它当作业余爱好，还是立志成为一名作家或出于其他原因？

写作的过程很痛苦，精心打磨一篇文章需要大量时间和心血，“三天打鱼，两天晒网”真的很难出结果。如果不能坚持，就很可能半途而废。

2. 知己知彼，百战不殆

你目前的爱好和积累适合哪个平台？对应平台的调性你是否了解？有的放矢好过盲目努力。不管你能否快速上稿，进一步的探索都会让你的经验逐渐丰富。

3. 坚持才是最高的门槛

我曾经参加一个几百人的写作营，每天必须提交作业，还要同学间互评。刚开始大家很积极，后来写作业的人越来越少，到最后我的积分位居第 2，不是因为我写得有多好，而是我坚持得最久。虽然工作忙碌，但是我尽量见缝插针地利用碎片化时间完成作业。

4. 聪明地勤奋

只有找对方法的努力，才是有效的。好好学习写作技巧，再加上自己的努力，就可以避免很多弯路。写作这条路并不容易，你需要脚踏实地，系统性地学习，不断去操练，才能从山穷水尽走向柳暗花明。

如何上稿人民日报、新华社等头部大号

很喜欢一句话："如果你写得不够好，没有别的，那是因为你看得不够多，想得不够深，聊得不够透。"

人民日报和新华社是国内的权威官媒，它们的《夜读》栏目是不接受投稿的，转载文章也没有稿费，却给人带来最大的自豪感。所以，很多写作者都渴望文章能上官媒。

1. 符合社会主义核心价值观

先来思考一下，官媒存在的意义是什么？引导正能量，宣扬社会主义核心价值观。官媒是党的喉舌，不是什么文章都会转载，一切与社会主义核心价值观相违背的文章主题都是不行的。比如贫富差距、阶层矛盾、两极分化、网红、暴富……官媒也不会为任何人背书，所有作者引用的人名，官媒都会隐藏。

前几年，有篇很火的文章刷遍全网，它是《不要拿自己的尺子，去丈量别人的生活》。为什么火？因为它戳中了绝大多数人的痛点：站在自己的角度去评价别人的生活，对他人心存偏见。

更重要的是，文中第一个案例"洗脚这个行业并不丢脸"非常好，它的核心价值观就是职业无贵贱（人人平等）。第二个案例非常新颖，是讲出版社做选题时，每个人都站在自己立场去做，这几乎没人写过。

官媒比较喜欢不同行业的故事，这样更能带来各行各业老百姓的共鸣，比如我写的这篇《反省自己是一个人变好的开始》（关键词：反省＋变好。故事：外贸公司职员、香皂推销员）。

2. 涵盖大部分读者的痛点

文章中的案例应该能够涵盖大部分读者的痛点。

再给大家举几篇爆文。

新华社夜读栏目刊登了一篇文章《所有舒服的相处，背后都是一种高情商》（关键词：相处＋高情商），3 个月后，新华社又发了一篇《所有的相处舒服，背后都是一种善良》。注意，“善良、人品、格局”等都是夜读栏目的高频词。

还有就是各种切实可行的提升自己的方法，比如解决焦虑的妙招、学会自律的秘诀都是具体的方法，它们都是充满正能量的选题。比如《提高自己的“屏蔽力”》《让生活越过越好的几点建议》《越努力，越幸运》等。

3. 坚持就能看见曙光

刚开始在小号上发文章也没关系，很少有人刚开始写作就能成功。不少人写出第一篇爆文需要几个月的努力，虽然只有 100 ～ 200 元的稿费，但是官媒也可能会翻牌。只要认真去写，从自身痛点出发，很多人都会创作出几篇爆文。

当你把一篇文章完整地写出来，你会对某个选题有非常深入和透彻的理解。后续的爆发又需要很长一段时间的沉淀，但坚持的人总会爆发。更多时候，大多数人因为各种原因而销声匿迹了。

停止重新发明轮子，会“抄”才会赢

“不要重新发明轮子！”在企业发展和知识管理领域，麦肯锡咨询公司将这句话落实成了著名的麦肯锡卓越工作方法，意思是“无论遇到什么样的问题，你都有这样的机会，那就是总有什么人在什么地方遇到过类似的问题”。在麦肯锡内部，每个咨询顾问在项目开始前，通过搜索过去的数据，总能在很短的时间内了解新项目的概貌，或者解决项目遇到的困难。

新媒体写作同样如此，别再瞎折腾了，盲目努力压根没用，你得会“抄”。

与其苦思冥想，不如向已经发布的文章对标学习。要知道，这是所有萌新作者神速进步的杀手锏，也是成熟作者不断进步的加油站。

注意，新媒体文章的原创度等于新媒体文章的生命，这里的“抄”并不是要你照搬原文，而是抄高手的好立意、妙角度以及精彩的行文套路。

抄的前提是拆文，可以快速了解作者的行文逻辑、文章框架，为后期模仿打下良好基础。

拆解文章 = 对标范文 × 拆选题 × 拆大纲 × 拆素材 × 拆金句

记住，我们拆解文章的初级目标是打造个人素材库，终极目标是能够培养快速拆解成稿思维，即使身边没有纸笔，也能用眼睛快速拆文。

对标范文

俗话说：“知己知彼，百战不殆。”拆解好文，我们不能打无准备之仗。

首先，我们应该了解平台的风格。每个平台都有自己的调性，比如，“十点读书”偏温暖治愈，国学生活偏国学类，洞见偏深刻理性。如何快速地掌握平台调性呢？

方法：

首先，快速浏览平台发布的 5 ～ 10 篇文章，就可以知道平台的大致风格。比如，有的平台文章都是偏养生和传统文化的，读者一般在 50 岁以上；有的平台文章都是关于育儿和婚姻的，读者一般以妈妈群体为主。

其次，拆解原创 > 拆解转载。如果是原创文章，文章的最前面会有“原创”的标志。转载的文章来自其他平台，而原创文章更利于我们对标平台调性。

最后，拆解头条 > 拆解次条。头条文章是每个公众号当天最为重要的一篇文章，因为它通常具有高质量的选题和内容。我们可以对头条文章进行拆解，从中获取更多有价值的干货和写作技巧。

拆选题

选题决定我们文章成功的 50%，是否会拆选题决定了我们新媒体写作的半壁江山。

1. 追根溯源法：从关键词出发，向上归类

每个选题都会有自己的分类，有些选题属于亲子教育类，有些选题属于干货分享类，还有些选题属于情感美文类等。

《李雪琴曝光北大校友社交内幕：你没价值的时候，混再牛的圈子也没用》这个选题，根据“社交、圈子”等关键词，我们可以得知，这个选题属于社交关系类。

《管好自己，莫渡他人》这个选题中“管好自己”告诉我们该选

题属于自我管理类。

方法： 从关键词出发，向上一级归类，找到选题的本质或属性。

2. 寻找同类法：从关键词出发，“题”以类聚

我们可以从已知选题的关键词出发，通过发散思维找到类似的选题并综合拆解，这样更利于我们后期模仿。

《李雪琴曝光北大校友社交内幕：你没价值的时候，混再牛的圈子也没用》这个选题中根据“圈子、内幕”这两个关键词，我们可以找到类似的选题：《深耕自己，圈子自会找到你》《人性潜规则：你的价值，决定着你在别人心里的位置》等。

通过《管好自己，莫渡他人》我们可以找到类似的选题：《一个人最顶级的自律：管理好自己》《人民日报推荐：自我管理的 9 个好习惯》等。

方法： 从核心关键词出发，运用发散思维，搜索或自己联想同类选题。

3. 拆解结构法：套用框架，自创选题

每个选题都有一定的句式，我们可以拆解并套用选题的句式，来创作新选题。

《李雪琴曝光北大校友社交内幕：你没价值的时候，混再牛的圈子也没用》这个选题的句式是名人经历或社会内幕 + 扎心感悟，我们可以模仿创作《黄渤真实经历：你弱的时候，坏人最多》《微信潜规则：你发的朋友圈，别人根本看不见》等。

《管好自己，莫渡他人》的句式是“……自己，……他人”，是关于自己和他人的关系，我们可以模仿创作《念他人的好，修自己的心》《不要因为给别人撑伞，淋湿了自己》等。

方法： 拆解选题，提炼句式，然后开始造句，创作新选题。

拆大纲

大纲是新媒体文的骨架，每个小标题都服务于文章的大标题，每个小标题之间的关系体现了整篇文章的逻辑。拆大纲是我们拆文中的重要一环。

多拆大纲，有利于我们训练自己的逻辑思维能力。

文章《人到中年，请收起你的大方（必读）》一文的大纲如下。

没必要的社交（精力上不大方）
无底洞的欲望（金钱上不大方）
不健康的习惯（健康上不大方）
无原则的包容（人情上不大方）

以上四点都是中年人“不大方”的四种表现，精力、金钱、健康、人情这四个方面是并列的关系。

文章《好的生活，都是整理出来的》一文的大纲如下。

你什么都舍不得扔，还谈什么生活质量（反面）
会整理的人，生活不会太差（正面）
学会整理，让你的人生重回自由（方法论）

先反面列举不会断舍离的人没有生活质量，然后正面论证会整理的人生活过得好，最后教大家收纳的方法论。

方法：先把文章的小标题依次罗列下来，再分析彼此之间的关系是并列还是递进。

再复杂的文章，在我们拆解完大纲后，也会变得清爽简单。我们拆完后可以仿写大纲的句式，也可以仿写大纲的并列或递进结构。

拆素材

如果说大纲是一篇文章的架构，素材就是其中的砖瓦。不同的素材赋予了文章别样的气质，高级的素材让文章妙趣横生，老旧的素材却往往让文章味同嚼蜡。

拆文章的素材，我们可以提取关键词，用一句话来概括素材大意。

在文章《你的心态对了，你就不累了》中，第三部分素材如下。

《装台》里的菊花，动不动摔盆摔碗，破口大骂，从没好好跟家人说过一话。

嫌弃亲爸，对继母、继妹，更是想尽办法赶出去。

每次闹了脾气，就要离家出走。

看似每天耀武扬威，其实她活得比谁都累。明明知道自己不对，心疼父亲时却不敢说，得知继母离开，心里不忍还要放狠话。

她永远想着小时候亲妈抛下了她，爸爸没本事，也没用心陪过她。

长相一般，喜欢的男人为离开她，连夜跑掉。

她从没有过自己的快乐，直到最后，她还觉得自己最委屈。

我们用一句话概括这个素材:《装台》里的菊花脾气不好，喜欢对亲近的家人发脾气，抱怨生活，直到最后，她还觉得自己最委屈。

一句话概括素材的好处是：等我们需要同类素材时，无须再看整个段落，根据自己的概括，就能快速判断素材和自己要写的文章是否契合，大大节省了搜索素材的时间。

方法:

（1）素材往往是庞杂的，我们拆素材的最好方法是用一句话总结何时、何地、何人做了何事，从而带来了何种结果。

（2）思考素材和文章主题是否契合，还能找到更好的素材来代替吗?

拆解素材后，我们可以截图或者复制粘贴到印象笔记里，进行归类，比如身边人故事、名人故事、影视故事、寓言哲理故事等。

同时，素材还可以七十二变，从不同角度切出不同的选题，本书第二章会有详细介绍，此处不再赘述。

拆金句

金句是一篇文章的珍珠，让整篇文章闪闪发光，拆解金句是萌新作者提升文笔的不二之选。

哪有什么岁月静好，不过是有人在替你负重前行。

句式：哪有……不过是……

仿写：

哪有什么一朝成名，不过是千锤百炼。

哪有什么人生开挂，不过是厚积薄发。

他是你患得患失的梦，你是他可有可无的人。

修辞：对比

仿写：暖一颗心需要很多年，凉一颗心只需要一瞬间。

名言名句虽然会为我们的文章增光添彩，但是也会被无数作者反复引用，而我们原创的金句往往能让读者眼前一亮。

方法：

（1）提炼句式，判断金句属于何种修辞手法，如对比、排比、拟人等。

（2）归纳句式的模板，改写或者仿写金句。

新媒体写作，对于许多萌新作者来说，如同一座大山横在眼前，提笔就头痛，不知从何写起。

古人云："他山之石，可以攻玉。"我们要学会借势，虚心地向优秀作者学习，从他们的文章里挖掘其中的底层逻辑，各种好的范本就是金子，无论是选题还是素材，我们挖得越多，金库就越满。

自写作以来，我坚持拆文，晨读时光，我还会读读那些优秀的文章，摘抄其中精彩的部分。这带给我很多写作灵感。

相信我，坚持拆解好文，定会激发自己源源不断的写作热情和蓬勃的写作生命力！

第 1 章伴手礼

1. 复盘糖果

（1）新媒体写作的特点是短、平、快，想要在新媒体写作这条路上走得长远，需要去传统文学中常引源头活水，丰富自己的阅读底蕴和厚度。

（2）每个写作顽疾都有对应处方，有效利用碎片化时间拆解目标，离开家去自习室或者书店，在朋友圈发监督文案，不胡思乱想，在动笔后出路自会愈加明朗，还可以借助多种软件帮助写作。

（3）新媒体文写废的最大原因是眼里没有读者，或者读者画像太过模糊，没有在创作中和读者产生联结，于是自嗨、用词草率、没有共情。

（4）端正自己的写作心态，多给自己一点耐心，知道什么是聪明的努力。只要找准选题并愿意打磨，写出 10 万 + 和 100 万 + 的作品不是梦。

（5）学会拆解文章是写作的加速器，拆解文章 = 对标范文 × 拆选题 × 拆大纲 × 拆素材 × 拆金句，拆完之后学会欣赏他人的优点，写作就像填空一样简单。

2. 解惑锦囊

Q： 文化程度不高的人能够学好写作吗？

A： 写作能力与文化程度并没有必然的联系。有些人可能拥有高学历，但写作能力很差；而有些人可能没有受过正规教育，却能够创作出感人至深的文章。在写作领域，每个人都是平等的，无论性别、年龄、学历或地域背景如何。

然而，写作需要基本的技巧，建立在广泛的阅读和充足的知识积累的基础之上。从这个角度来看，写作确实与文化程度相关，但这里的文化并不是指学历或专业证书。普通人通过多读书、深思熟虑和不断练习，也有可能取得出色的写作成果。重要的是培养良好的写作习惯，并不断提升自己的写作技巧和表达能力，这样就能够在写作中取得令人满意的进展。

Q： 靠个人努力还是克服不了写作障碍怎么办？

A： 为了更好地推进写作进程并实现共同成长，建议成立一个写作催更群或智囊团，彼此监督和支持。毕竟，一个人可以取得一定成就，但一群人可以走得更远。例如，你可以与几位志同道合的伙伴组成小组，在懈怠、疲倦或沮丧时相互给予鼓励和支持。在平等协商的前提下，可以考虑设立一定金额的资金用于奖励和激励，这将激发动力，并成为彼此写作成长道路上的最佳见证者。这样的群体互助机制将为每个成员提供持久的动力和支持，使每个人都能够不断进步并取得更好的写作成果。

Q： 文笔很差，想要快速提高写作水平应该怎么办？

A： 文笔的提高不是一朝一夕的事，建议从词语入手，所有的写作高手都是用词高手。可以拿一本专门的笔记本积累你喜欢的词语，可以尝试查找近义词或者反义词，感受替换前后句子的差异。慢慢地，你的语感就会提高。

还有一个很好的办法，当你读到名家名篇或者新媒体爆文中很喜欢的词语，就把它写到便签纸上，贴在看得到的地方，在写作时去运用这些词语。每用过一个就撕掉一张便签纸，再去粘贴新的词语。如此循环，你的写作水平会飞速提升。

除了摘抄词语，还可以多读文章。一是将喜欢的文章大声读出来，二是读自己的初稿。写和读完全是两码事，很多时候你觉得自己写得文采飞扬，可是读后会发现许多问题。

Q： 很喜欢写作，但是思路混乱，写的东西常常让人不知所云，有什么好办法吗？

A： 写作并不仅仅是简单地堆积素材，而是通过一定的方法将资料、内容和收集到的素材有机地联系起来，以服务于特定的中心思想，这种方法被称为叙事方法。当你写一篇文章时，你应该思考采用何种叙事方法，以便让读者清楚地理解你想要表达的内容。

首先，你需要清楚地介绍事情的来龙去脉，详细阐述“是什么”。通过这样的叙述，读者能够获得对事件的基本了解。

其次，你应该揭示事情背后的原因，详细说明“为什么”。这样做可以帮助读者理解事件发生的背景和动因，深入探究其内在原因。

最后，你需要介绍结果和影响，阐明“怎么样”。这一部分应当涵盖事件的结局以及对相关方面产生的影响，使读者能够全面了解事件的结果和意义。

如果你的文章能够清晰而有条理地回答这三个问题，那就能避免混乱和杂乱无章的情况。通过采用恰当的叙事方法，你能够更好地传达想要表达的内容，并使读者对你的观点有一个清晰的认识。

3. 小试牛刀

（1）梳理一下你写作的原因以及未来写作的规划。

（2）用本章所学方法拆解一篇你最喜欢的文章的开头或结尾。

（3）尝试下载一款写作软件，并将你的体验或者收获写下来。

第2章 赢在选题

题好一半文

在新媒体写作领域，大家都曾遇到四座大山：选题计划难、选题构思慢、热点意识弱、选题不敏锐。选题有多重要？对于新媒体写作来说，选题是1，其他的都是后边的0。我们需要针对不同的受众人群和市场需求，挖掘和设计适合他们的、高质量的、具有高关注度的选题，提供有深度、有思考、有互动性的内容。

本章，我将带大家拨开选题的重重迷雾，轻松找到好选题。

赢在选题：题好一半文

❶ 真的无题可写？

日常寻找选题的6条路径

- 从共同"需求"里来
- 从自身出发，挖掘更多选题
- 随时输入，触发思考
- 紧盯热点，提炼选题
- 模仿他人，匠心独运
- 站在"竞品"的肩上

❷ 摸清7大底层逻辑 斩获高阅读量选题

- 关注度
- 名人效应
- 价值感
- 痛感
- 网感
- 生活场景图
- 成长路径图

❸ 独辟蹊径：

素材七十二变，变出新选题

- 变换角度挖素材：将单个素材的优势发挥到极致
- 归纳选题特征，秒套选题公式

真的无题可写？日常寻找选题的 6 条路径

众里寻他千百度，不知选题在何处？殊不知，蓦然回首，好选题就在唾手可得处！

只要我们留心生活，就会发现生活处处有选题。去烟火气里寻找选题，将平凡的经历融入选题中，更容易引发大众的共鸣。

选题从共同“需求”里来

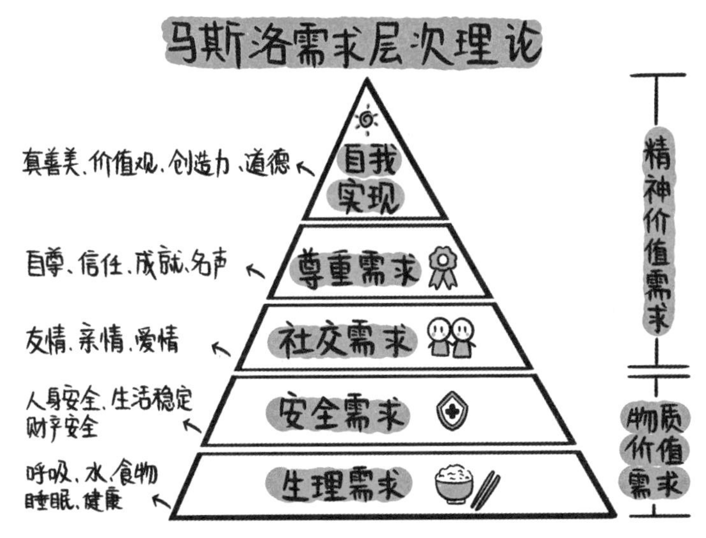

马斯洛理论指出了五种人性需求。

1. 生理需求

生理需求和衣食住行相关，比如空气、水、食物、性属于我们的生理需求。

新媒体文的例子有《外卖，正在毁掉我们的下一代》（饮食）、《拿什么拯救，我熟睡后的呼吸》（呼吸）、《做性治疗师 17 年：性没了，爱还在吗？》（性欲）。

2. 安全需求

安全需求包括就业、健康、资源、财产等稳定性需求。

新媒体文的例子有《如果突然失业，你能舒适生活多久？》（就业稳定）、《爱得够不够，分手才知道》（感情稳定）、《宋真宗：谈钱，能解决 80% 的“人生难题”》（金钱稳定）。

3. 社交需求

社交需求是对爱与归属的需求，指的是我们想要和外界建立情感联系，归属某一群体。社交需求涉及朋友、职场、同学、亲子关系等。新媒体文的例子有《职场人际关系的 4 条真相，第 1 条扎心了》《为什么我劝你不要参加同学会》《千万别让“朋友圈”，拖垮你的关系》。

4. 尊重需求

尊重需求包含对成就、名声、地位和晋升机会的需求等。新媒体文的例子有《为什么坚持运动的人，更能升职加薪？》《别人尊重你，不是因为你优秀，而是……》。

5. 自我实现的需求

自我实现的需求是指人对发挥潜能、实现自我价值和抱负的需求。新媒体文的例子有《做自己，比什么都重要》《人世间所有的成功，都是有备而来》。

从自身出发，挖掘更多选题

很多人提笔就怕，苦思冥想许久，也不知道该写什么，事实上我们从自身的职业和生活中就可以找到许多选题。

比如，年轻作者可以尝试励志、正能量类型的选题；家庭主妇可以尝试两性情感、亲子教育类型的选题；职场精英可以尝试情商修养、职场提升类型的选题……

也就是说，从自身角色出发，选择自己最熟悉的领域，再去精细化找选题。

除了自身职业和生活，还可以从自己感兴趣的领域中找选题，列出关键词，将关键词和大众痛点相结合。比如关注情感领域，可以写《高质量的婚姻，要满足3个条件》《读懂了婚姻，就读懂了人性》；关注育儿领域，可以写《父亲与女儿的关系，决定女儿一生的幸福》《把原谅换成爱，才是家庭变好的开始》。

随时输入，触发思考

生活中的任何事物都可以成为写作的素材，我们刷过的视频、看过的书、聊过的话题都有可能成为灵感的来源。听到朋友分享的经历，可以将它转化为一个深刻的观点文；在社交媒体上看到一个有趣的话题，可以从不同角度写出有趣的热点文章。

我们还常常会因为一个片段去追一部剧，因为电视剧的故事情节、主人公的命运、演员背后的创作故事时常让我们心底泛起涟漪。比如，电视剧《狂飙》大火，我们可以思考这些选题：《〈狂飙〉爆了，张颂文慌了》《〈狂飙〉大结局：纵欲过度，到底有多可怕》《〈狂飙〉爆火背后，这些故事鲜为人知》。

阅读是最好的心灵养料，书籍总会折射作者的思想光辉。我们可以从处世情商、精进自我、情感生活等多角度切出不同的选题。比如，我们喜欢看《呼啸山庄》，就可以写：《〈呼啸山庄〉：层次越低的人，越看不惯别人》《〈呼啸山庄〉：一个人最顶级的智慧，是放过自己》《〈呼啸山庄〉：爱情的四个层次，你在哪一层》。

有人的地方就有聊天，或吐槽，或吹牛，或共鸣，这些情绪的背后有很多值得挖掘的宝藏。如果我们抓住关键词，去追问背后的原因和解决方案，就可以写出好几个选题。比如朋友说今年和婆婆一起住，两代人之间产生了一些摩擦，我们可以写：《最好的婆媳关系：常送礼，常联系》《聪明女人，不会帮婆家三种忙》《没有距离感的家庭，是一场灾难》。

法国作家帕斯卡尔曾说："人是一根能思想的芦苇。"在写作中，我们需要保持敏锐的思维，不断发掘周围的资源和灵感，寻找思考的锚点。生活中随处可见选题的踪迹，一段视频、一本书、一次对话都可能成为我们的选题灵感。只要我们培养敏锐的选题思维，思考问题的本质，就会惊喜地发现：哇，原来有这么多的选题可以写！

紧盯热点，提炼选题

关注热点，不是蹭热点，而是因为热点是唤醒我们思考的绝佳外部刺激。从朋友圈、西瓜视频、抖音、公众号等都可以找到热点素材。

需要注意的是，热点选题不要乱追，而是有的放矢地追。一看评论区高赞评论，二查公众号整体风向，三思朋友圈独特观点。先对大众的情绪有整体的把握，然后再从自身出发，寻找最触动我们心弦的那个点，由此出发提炼选题。

比如，抖音的一条视频火了，点赞超千万——"不婚主义的小姨过年发红包"。

其中评论区里的高赞评论是"那么问题来了，不婚还不成功的小姨，得往哪躲？"，公众号的整体风向是"单身主义有钱不慌、羡慕小姨"等，朋友圈的独特观点有"不婚主义老了怎么办？不婚主义小姨发红包是精神寄托还是情绪出口？”。

如果触动我们的是小姨的坚持自我，可以提炼选题《不婚主义小姨大火：在爱欲和自我中寻找自由的可能性》；如果该热点让我们联想到不婚主义群体，可以提炼选题《坚持“不婚主义”的那些女孩，后来都怎么样了？》；如果我们思考深刻，还想挖掘更多，那就可以提炼选题《最叛逆的小姨，不只是“不婚主义”代名词》。

模仿他人，匠心独运

有这样一句老话：“不知道怎么做时，看看别人是怎么做的。”

“成年人习惯反驳”是一个常见的话题，我们可以从不同的视角来探讨，变换关键词，产出多种选题。

《成年人最大的自律：克制“反驳欲”》这是从正面阐述，“反驳欲”属于说话层面，我们可以把选题放大，变成《成年人最大的自律：管住嘴》《别让你的说话方式，毁掉你的人生》。

从反面可以这么写：《一个人最大的愚蠢：习惯性反驳》《认知水平越低的人，越爱反驳》。

“反驳”的反义词是“沉默”，什么样的人遇到事情不会轻易反驳呢？是不是内心强大、充满智慧的人？于是，我们可以这么写：《一个人真正的强大，从沉默寡言开始》。

站在竞品的肩上

站在同类竞争对手的肩上，是找选题的捷径。我们可以使用西瓜助手、新榜进行查找，查看 TOP 公众号，看看它们发布的文章类型，以及行业热门文章。

也可以进入微信，通过输入关键词搜索多篇不同的选题。其他作者已经帮我们验证过该类选题的关注度和流量了，参考赞阅数据、各平台转发的数据，我们可以选出最优的那一个。

比如，《松弛感，是最好的养生》这类选题于某段时间在很多账号上发布，数据都很不错。那么，根据这个关键词，我们可以创作出很多相关的选题：《家庭中的松弛感，有多珍贵？》《人到中年，如何活出松弛感》《诊断流行情绪："松弛感"为什么被热议》。

简单来说，借力竞品有三步骤。

第 1 步，搜集历史文章。通过筛选优质公众号和搜索关键词，收集受欢迎的选题，并阅读相关文章。

第 2 步，细化关键词。根据搜索来的历史选题，细化文章关键词，提炼受读者青睐的文章的要点。

第 3 步，分析文章数据和趋势。在第 1 步和第 2 步的基础上，统计点赞、阅读量等数据，了解读者的需求和兴趣，找到更受欢迎的选题和趋势。

写作是从生活中汲取素材，通过敏锐的观察和深入的思考，阐述自己的观点并唤起读者的共鸣。一篇好的文章不仅能为读者提供新的知识和视角，更能帮助他们变得更好，比如让读者感到自己并不孤单，生活中的困境存在解药，每个人都值得被爱，等等。

希望以上 6 条选题路径，不仅能帮我们更敏锐地抓住选题痛点，还能引导我们发现更多写作的可能性。在写作过程中，我们唯有持续拓展自己的知识储备和阅读视野，不断汲取新鲜的思维火花和启示，用心写作，才能为读者提供有价值的信息和思考，让他们在阅读中获得满足和成长。

摸清7大底层逻辑，斩获高阅读量选题

如果说成熟的作者是花 90% 的时间做选题，10% 的时间写文章，那么，青涩的作者就是花 10% 的时间做选题，90% 的精力写文章。现在这个时代，酒香也怕巷子深，一个好的“招牌”才能吸引更多的读者进入我们的文章中一品“酒香”。

如果说传统写作是我手写我心，新媒体写作就是我手写他心——呈现覆盖大部分人、有价值的观点和内容。写什么是战略，如何写是战术，千万不要用战术上的勤奋掩盖战略上的懒惰。

摸清选题 7 大底层逻辑，斩获高阅读量不再遥不可及。

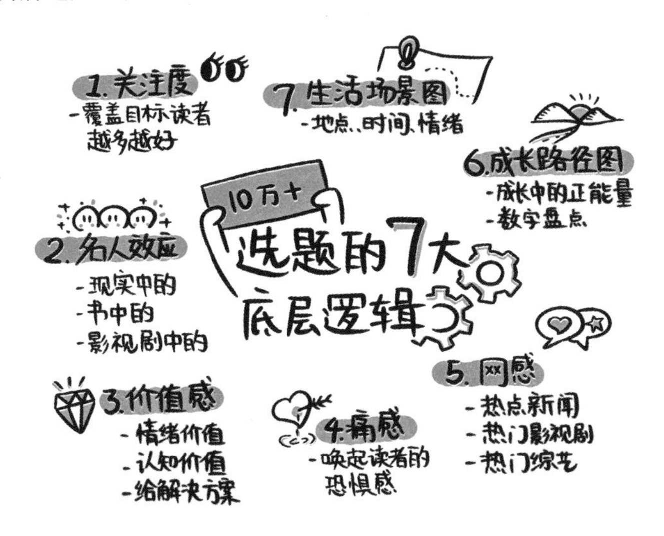

关注度

一个很小众的选题，很难引发群体性的讨论和传播。

因为，我们文章的阅读数据取决于朋友圈的“圈层传播”。选题覆盖的目标读者数越多，文章的数据才会越好。我们可以从年龄

圈层、地域圈层、职业圈层等方面去思考。

比如《一个人穷的时候最应该做什么事？》和《悲剧了，这个月我又要剁手了》相比，第一个选题覆盖的读者比第二个更多。我们的选题覆盖的读者越广，触及的思考、激发的讨论就越多。

名人效应

名人自带流量，有广泛的群众基础，包括现实中的名人、书中的名人、影视剧中的名人。

现实中的名人：《李白的朋友圈：相识满天下，知己唯三人》《董宇辉：真正厉害的人，都把玻璃心炼成了不锈钢》。

书中的名人：《年少不懂林黛玉，读懂已然到中年》《〈天道〉丁元英：不如做一只特立独行的猪》。

影视剧中的名人：《你好！我们都误会了李焕英》。

价值感

选题最大的使命是给读者提供价值，但凡有价值的选题，都能吸引大波读者。

1. 能够带给读者情绪价值

每个人都有雨天没伞的时候，给读者温暖与慰藉，理解他们的处境，这样的文章往往能给读者提供满满的情绪价值。公众号“夜听”和“十点读书”的很多文章都是治愈系的。

比如，《亲人之间最好的关系：彼此麻烦，相互感恩 》《一个人的时候，也要好好吃饭》。

2. 提供认知价值

提供认知价值的文章能够颠覆或刷新读者固有的观念，给他们的认知带来冲击。我们可以采取设置悬念、提出问题、否定固有观念等方法提供新知。

比如，《最顶级的休息，不是睡觉》《长期运动的孩子和不运动的孩子，大脑会发生惊人变化！》《清明为什么要祭祖？这是我听过最好的答案》《决定你一生命运的，不是出身，不是家境，而是……》。

3. 给予解决方案

很多人读完新媒体文后常常感慨："道理我都懂啊，但还是过不好自己的生活。"正因为如此，很多作者在抛出痛点后，常常会告诉读者解决的方法。

这类选题往往以"目标群体 + 问题 + 解决方案"的形式出现。

比如，《工作10年，我整理了这25个碎片时间法》《坚持4个小习惯，领导会越来越信任你》。

痛感

广告词"怕上火，就喝王老吉！"击中了顾客的痛点，这是因为它瞬间唤起了人们对"上火"的恐惧。梁宁把痛点定义为"恐惧"，那么我们可以思考一下人们还有哪些恐惧，例如身材走样、时间被浪费、经济不稳定、职业发展停滞、失眠困扰、健康问题、亲人年迈、疾病折磨等。

对比和对立也是做选题时可以使用的手法，利用相反的观点或情景进行对比可以制造强烈的反差，进而吸引读者的注意力。

比如，《家庭教育的五把"刀"，刀刀致命！》《你有用的时候，朋友最多》《笑脸给多了，惯的都是病》《熬了下半夜，输了下半生》《父母尚在苟且，你却在炫耀诗和远方》。

网感

有网感的写作者很有优势，他们对各种热点非常敏感。毕竟，热点自带爆点，只要我们愿意写，阅读量都会比平常的文章要高。追热点的时候，要么速度快，要么观点新。巧借热点赋能选题，这是一种营销思维，能够抢占读者的注意力。

记得前几年电视剧《三十而已》很火，网上已经出现很多相关文章和热搜，我决定另辟蹊径，从教育角度写了一篇《〈三十而已〉：妈妈三观正，才是孩子一生的福气》，这篇文章后来在当月新榜排名第 6，阅读量达到 100 万 +，被多家平台转发。

1. 热点新闻

可以关注新闻账号，比如“澎湃新闻”等。

比如：《冲上热搜第一！四川突然宣布“不结婚也能生”，信息量太大……》《48 岁女快递员下跪事件：没有哭着吃过饭的人，不足以谈人生》。

2. 热门影视剧

当某部影视剧火起来的时候，我们会发现身边人都在讨论，网上的热搜数据往往也居高不下。

比如：《高启强翻烂的〈孙子兵法〉，藏着普通人改命 5 个底层逻辑》《〈人世间〉：人与人最大的差距，是认知与格局》。

3. 热门综艺

脱口秀、求职、恋爱、明星真人秀等综艺节目都可以作为我们的选题切入口。

比如：《〈再见爱人〉揭露中国式婚姻：想离离不了，想过过不好》《〈闪闪发光的你〉马东自曝哭到失控：成年人上班，谁不曾崩溃过》。

成长路径图

成长路径图是做选题的一大利器，它指的是我们根据读者在成长路径上，从知识积累到思维提升，再到认识自己和人生等遇到的各种问题，从原因以及结果等方面推理出对应选题。

1. 成长中的正能量

我们在成长过程中会经历失去、挫败、反思，和成长息息相关的主题都可以作为选题切入点。

比如：《所有的失去，都会得到补偿》《如果事与愿违，请相信一切都会过去》《一个人成长的最快方式：深度思考》。

2. 数字盘点

用数字归纳几种方法和结果，解决成长过程中的问题，这种选题非常适合新手作者。

比如：《三种人命最苦，三种人最有福》《世界上5种顶级思维，你一定要知道》《自我成长的三把钥匙》。

生活场景图

选题和读者的生活息息相关，往往会让读者有一种熟悉的感觉，这种选题很吸引人。

1. 地点场景

围绕常见的地点展开，包括医院、车站、卧室、厨房等。

比如：《结婚三年就离婚：你过得好不好，看厨房就知道了》《有没有人爱你，医院最清楚》《如果不想上班了，去这几个地方看看》。

2. 时间场景

从时间出发，设想场景，可以是多少分钟或者是什么时段。比如：《婚姻好不好，看睡前 10 分钟就知道》《你怎么过早晨，就怎么过一生》。

3. 情绪场景

围绕情绪展开，包括生气、得意、开心、疲倦、心烦等。

比如：《心烦的时候，做这三件事你就不累了》《写给很累的你：停止精神内耗，做有用的事》《生气见人品，低谷见格局，得意见教养》。

优质的选题是需要策划和深度思考的，我们需要思考如何给这个选题注入新的认知、新的养料、新的思维，从而创作出能够刷新读者认知的文章。这样的选题不仅能带来阅读量，更能激发读者的思考。作为写作者，我们需要时刻保持手上至少有 5 个可写的优质选题，这样就能确保在坐下来写作时不会遇到选题瓶颈。

独辟蹊径：素材七十二变，变出新选题

你一定听过下面这个推销故事。

有一家公司招人，任务是向和尚推销梳子。三个人应聘，一个放弃，一个勉强卖了几把，第三人却卖出三千把，还接了好几个大单。

原来，他通过仔细观察，发现尽管和尚没头发，但前来上香的游客有头发。因此他建议寺院在梳子上刻“积善梳”三个字并开光，

游客只须捐香火钱即可领取梳子。结果游客激增，梳子需求也大幅上升。

当我们转变角度来思考问题，就会收获更多维、更丰富的视角。

写文章也是如此，我们可以运用发散思维，从素材中不同人物的动机、表现、结局里寻找关键词，然后套入既定的模板，一个新颖的选题就此产生了。

变换角度挖素材：将单个素材的优势发挥到极致

"横看成岭侧成峰，远近高低各不同。"山如此，世间万事万物亦是如此，都是多维立体的。我们要学会多角度剖析同一个素材。同一个素材，如果可以切出 N 个选题，那它就可服务于 N 个选题。

著名表演艺术家李雪健老师，是一个懂得替人着想的人。只要是自己力所能及的事，他都尽量不给别人添麻烦。

2001 年，在拍摄《中国轨道》时，李雪健感到身体不舒服，去医院检查后，才发现自己得了鼻咽癌，需要立即治疗。

但当时整个剧组已经开工过半，这一走，等于整个剧组就完了。

李雪健不愿意影响剧组的进度，于是揣着消炎药，就去了外景地。

所幸最后他终于战胜病魔，但那场病，让他的听力受到了损伤。

之后再拍戏时，李雪健怕听不见声音导致接不上词，影响对手演员发挥，就花了大量时间，把对方的台词也背了下来，然后看口型接词。

由于准备充分，他拍摄时经常都是一条过，导演也称赞他是"最让人省心的演员"。

我们来从不同角度切选题。

（1）李雪健照顾剧组进度，也就是让导演"放心"，由此切出：

《一个人最大的能力，是让人对你放心》《让人放心，是一种了不起的才华》。

（2）反过来，李雪健可以因病请假，但他没有，原因是什么？

我们应该想到，是因为他的人品好。我们把“人品好”细化一下，就是有教养、很善意、体谅他人，由此可以切出：

《刻在骨子里的教养，是不轻易给人添麻烦》《不给别人添麻烦，是一个人最基本的修养》。

《真正的教养，是为别人着想的善良》《最顶级的善良，是设身处地为他人着想》《将心比心的善良，是最高级的修养》《所谓高情商，就是把别人放在心上》。

（3）李雪健可以像流量明星一样要求剧组为他考虑，但是他宁可改变自己，由此可以切出：

《少要求别人一点，多要求自己一点》《凡事从自己身上找原因》。

是不是已经有点思路了？下面这个案例，我们可以先挡住后文的分析，按以上方法，从不同角度试着写几个选题，再来作对比，这样可以进步更快！

作家林海音小时候痴迷阅读，偷偷到书店里蹭书读，经常会遭到店员驱赶。

后来她遇到了一位好心的店员，每次去蹭书的时候，店员都从不打扰她。

有一次，她照例到角落翻看一本正在读的书，没有找到，她一下子就慌了。

这时，那位店员走了过来，把她正在找的书轻轻地放在了她面前的书架上。

为了让她读完这本书，店员特意多留了一本没有卖。

后来，林海音把这段经历写进了文章《窃读记》，结尾她写道：

“记住，你是吃饭长大，读书长大，也是在爱里长大的！”

我们可以从不同角度切选题。

（1）面对林海音蹭书，店员的态度是“沉默”，抓住这个关键词，我们可以切出。

《看破不说破，是最高级的善良》《看破不说破，是一个人最难得的修养》《一个人的成熟，从沉默开始》《半生已过，学会沉默》。

（2）店员的沉默，对于林海音来说就是给她台阶下，随即可以切出。

《最高级的修养，叫“给人台阶下”》。

（3）沉默的近义词是“不动声色”，于是切出。

《真正的善良，是不动声色》《不动声色，是最高级的善良》。

（4）店员这种行为的结果让林海音很舒服，说明他情商高，我们切出。

《相处舒服，是一个人的顶级情商》《和相处舒服的人在一起，就是最好的养生》。

通过前两个案例切出的选题，我们可以归纳出切选题的一些心得。

方法：

（1）将关键词和其他词组合成选题，比如“林海音蹭书”的第一种切法是关键词 + 善良 / 修养 / 成熟 / 情商等。

（2）找关键词的近义词来切选题。

（3）从故事的配角的立场或者品质出发，挖掘选题。

（4）从故事人物行为的原因或者结果出发，深挖选题。

归纳选题特征，秒套选题公式

对于每个常见选题，我们都可以提取出其中的句式特征，形成选题公式。当我们想好了选题的关键词时，只需要套入选题公式中。通过这种方式，我们可以将选题的构思过程系统化，更快速、高效地找到适合自己的选题，并且可以在写作过程中节省时间和精力。

以下选题公式供大家参考。

（1）没有白……，一切都算数。

举例：没有白吃的苦，一切都算数。

（2）……，就是最好的养生。

举例：和相处舒服的人在一起，就是最好的养生。

（3）……什么格局，婚姻……结局。

举例：老公什么格局，婚姻什么结局。

（4）……好不好，……见分晓。

举例：关系好不好，饭桌 / 酒桌见分晓；婚姻好不好，厨房 / 卧室见分晓。

（5）……到最后，拼的是……。

举例：人到最后，拼的是人品。

（6）……才是家庭最大的福气。

举例：丈夫 / 妻子三观正，才是家庭最大的福气。

（7）好的……，相互……，彼此……。

举例：好的友情，相互尊重，彼此成就。

（8）没事少……，有空多……。

举例：没事少抱怨，有空多挣钱 / 读书。

（9）……暴露了……的真相。

举例：疫情之下，暴露了 6 个生活真相。

（10）……是一种了不起的才华。

举例：让人放心，是一种了不起的才华。

当我们从多角度看待素材时，就可以切出不同的选题，可以把它们写在笔记本上，或者放在统一的文件夹内。当我们写作缺乏素材时，马上拿出来看看，是不是“翻遍书籍无觅处，得来全不费工夫”？

第 2 章伴手礼

1. 复盘糖果

（1）日常寻找选题有 6 条路径，分别是：共同需求、自身出发、随时输入、紧盯热点、模仿他人、借力竞品。

（2）选题的 7 大底层逻辑分别是：关注度、名人效应、价值感、痛感、网感、成长路径图、生活场景图。

（3）同一个素材，如果可以切出 N 个选题，那它就可服务于 N 个选题。多角度切素材，我们可以从故事人物出发，也可以从文章关键词出发。

2. 解惑锦囊

Q： 有没有快速找到优质选题的捷径？

A： 有的。第一，最快的方式是在当当网查找畅销书。从关键词出发确定文章选题。

因为这些畅销书的书名和目录是经过市场验证的。一本书之所以能畅销，它的书名和目录起到了 80% 的作用。出版社定出的书名和目录是经过反复推敲，和市场紧密相连的。所以，它们已经帮你铺好了路。

比如有本很火的书叫《靠谱》，而在公众号上这个选题一直很火：《一个人靠不靠谱，就看这 7 个细节》《聪明过剩的年代，靠谱才是人最大的聪明》……随便一搜，可以找到几十个。

第二，从调性相似的公众号中寻找选题。比如你的公众号定位是情感类，就可以关注“十点读书”和“夜听”，找到阅读量突出的几篇文章，分析关键词和相关句式。

第三，如果你已经签约各大平台，编辑会在群里发放选题，甚至主动找你约稿，这样就有源源不断的稿子可以写了。所以你要好好写，一般写出 5 篇左右的爆文就可以签约，加油！

Q： 我比较喜欢追热点，在追热点时需要注意什么问题吗？

A： 热点非常注重时效性，很多人都在追。需要注意三点：一、要遵循底线和原则，不能为了与众不同而故意唱反调；二、确定热点与你自身的写作领域是否契合，热点文想要火，对写作者的思辨能力要求较高，需要写作者有比较深的积累；三、如果你找不到新颖的角度，就不要去追热点。

例如，名人公开恋情或宣布婚讯时，大多数人会送上祝福或写“又相信爱情了”。你不能为特立独行而诅咒他们分手或离婚。

那当大家观点差不多时，如何让自己的热点文章与众不同呢？

这就需要一个好的切入角度。你可以写“他为什么和几任前任都没能修成正果”，或者写“从他们的结合中看情侣如何才能幸福相处”。

独辟蹊径需要对热点事件有深刻的洞察和理解，同时需要开放的思维和长期的训练。

通过正确的方法追热点，即使是普通人也能写出爆文。

Q： 每次要花很多时间在取标题上，有没有拿来就能用的标题公式？

A： 下面几种标题公式可以尝试一下。

知乎体：类似于知乎上的关于个人成长、专业方面的探讨类标题，多以问句为主，可以解答读者的困惑或满足读者好奇心。比如《如何看清一个人？》《如何精致地过穷日子》。

悬念体：很多标题后面都是带着省略号，这样会极大地勾起读者的好奇，想要点进去一探究竟。比如《如果你越来越沉默，越来越不想说……》《婚姻中，最可怕的不是家暴，不是出轨，而是……》。

节日体：这类标题一般和传统节日或者月份有关，可以提前准备好。比如《读懂了端午节，人也就活出了通透》《2023 年下半年：凡是发生，都是恩典》。

金句体：这类标题一般以金句呈现，或对仗，或精辟，或扎心，往往有着直击人心的力量。比如《没事早点睡，有空多赚钱》《一个人最顶级的自律：不言苦、不劝善、不置评》《最开明的父母：他只是做错了题，又不是做错了人》。

Q：给新文章创作了 3 个新标题，心里还是没底，这时应该怎么办?

A： 首先可以从两个方面进行自我检测。一是如果你是读者，看到标题后是否想点开文章；二是这个标题和读者是否有关系。

如果想要取个好标题，3 个标题有点少。可以采取以下步骤。

1. 利用多种不同的标题公式，从多个角度出发，生成 10 ～ 15 个标题。

2. 根据自我检测的两个原则，首先从中筛选出 5 个标题。

3. 将这 5 个标题发送到粉丝群（朋友群）中，让大家进行投票选择。

4. 根据投票结果进行数据分析，最终确定最佳的标题。

通过这样层层筛选和科学的数据分析，最终确定的标题将成为胜出者，注定具有吸引力。

3. 小试牛刀

（1）请根据本章所学，自己在本子上列 5 个选题，并去目标公众号上验证它是否受欢迎。

____

____

____

（2）写出 5 篇你最喜欢的新媒体文章题目，并提炼选题公式。

____

____

____

（3）选择一个素材，分别从正面、反面、起因等方面去切选题，看看自己能想出几个？

____

____

____

第3章 掌舵思维
框架在手，写作不愁

一篇好的文章有清晰的框架，就像给在茫茫大海上航行的读者提供了一个指南针。所有的小标题服务于大标题，从立意到提纲，不断完善小标题的梳理，写作者的思路会越来越清晰。

同时，对于读者而言，精细的框架也会让他们更好地理解文章，不会迷失在阅读过程中。框架不仅在梳理文章结构方面起到关键的作用，还可以产生清晰明了的阅读效果，提高文章的可读性，使文章内容更加井然有序，深入人心。

掌舵思维：框架在手，写作不愁

1. 人人都能学会的黄金框架模板

- 概述
- 标题
- 切入点
- 素材
- 结构
- 闪光点
- 金句
- 落点

2. 关于框架，你必须绕过的3个雷区

① 内容交叉

② 逻辑不通畅

③ 内容过多或过旧

3. 4种框架公式，让你下笔如有神

- 并列式
- 对比式
- 递进式
- SCQA

人人都能学会的黄金框架模板

在确定选题后，最重要的是梳理框架，很多时候我们容易卡在这一步。其实，只要按照黄金框架模板列出框架，写作就会变得非常容易。

概述就是我们写这篇文章的原因；切入点可以是新闻、身边故事或者提一个问题等；素材部分简单概括即可；闪光点就是这篇文章的杀手锏，比如新颖的角度、素材，或者较强的逻辑和文字功底；金句即言简意赅、富有文采的句子，可以提前搜集好；落点一般在文章结尾，用来强化观点。

当我们梳理好框架，文章的轮廓就已经出来了，接下来只需要添砖加瓦，进行完善，一篇文章就写好了。黄金框架模板如表3-1所示。（以《你的心态对了，就不累了》举例）

表3-1 黄金框架模板

要素	解释
概述	想写这篇文章的原因，这篇文章能给读者带来什么 “心态”和“累”都是现在人们关注的重点，可以给一些温暖读者的干货
标题	切忌标题党 《你的心态对了，就不累了》
切入点	切入话题的角度从心忙、心急、心苦三方面写
素材	文中所用的素材，简单概述即可 心忙的人，须静下来 素材1：某博主下班后还忙个不停，觉得自己快要爆炸 素材2：作家艾小羊被孩子搞得团团转，心静后，人轻松了很多 心急的人，要慢下来 素材：李雪琴在美国读研和录制《行走的力量》时很着急，总想把每件事都做好；但她跨界说脱口秀，不感觉紧张，反而走到了最后

续表

要素	解释
素材	心苦的人，得找点乐 素材 1:《装台》里的小菊花，不敢说出内心的苦，对家人发脾气 素材 2：70 多岁的邻居阿姨孤身生活，却总能自娱自乐
结构	文章采用并列式结构 大观点：心态对了，就不累了 三个小观点：要心静、心慢、心乐 每个小部分都从正反两方面来论述观点，包括这样做的好处以及不这样做的坏处
闪光点	闪光点就是整篇稿子最有吸引力的地方 本篇文章的闪光点是素材 1. 每个小观点都从正反两方面论述，加强冲突效果 2. 素材涉猎范围广，读起来接地气，是每个人日常都会碰到的事
金句	文中比较精辟、发人深省、感动人的句子 1. 明明谁都是向好向善，不知为何，总是轻易就被生活的疲惫压垮过往的经历，当下的琐事，不确定的未来，都成了负累 2.《菜根谭》中说：岁月本长，而忙者自促；风花雪月本闲，而扰攘者自冗 3. 不是所有苦，都必须要受 4. 心里填满了快乐，就没处盛放痛苦，少了痛苦的折磨，心就不累了 5. 不必看什么都较真，静下来，慢下来，开心点，生活也就顺了
落点	落点一般在文章结尾，用来强化观点 不必看什么都较真，静下来，慢下来，开心点，生活也就顺了 最后刺激读者转发 点个在看，拿出对的心态，去过轻松的日子

表 3-1 囊括了写作的 7 大重点，分别是：

（1）观点，厘清我们真正想要表达的是什么，最好能够用一句话表述清楚。

（2）动机，为什么要写这篇文章。

（3）论题，要解决什么问题，告诉读者什么道理或者提供什么解决方案。

（4）读者，读者的真正需求是什么。

（5）立场，读者是如何看待我们的观点的，我们会吸引有什么价值观的读者。

（6）论据，是否有能让对方信服的理由，素材是否可信，论述是否有力，逻辑是否严密。

（7）中心思想，如何表达忠于本心的想法。

关于框架，你必须绕过的 3 个雷区

写文章无非靠逻辑和笔力，其中逻辑＞笔力，再优美的辞藻也比

不上严密的逻辑。搭建新媒体写作框架时最易犯的错误通常有以下三个。

（1）内容交叉。小标题之间彼此涵盖或重叠，层次不清，让读者难以抓住文章的核心。

（2）逻辑不通畅。文章没有明确的逻辑关系，内容组织混乱，读起来难以厘清思路，让人感到困惑不解。

（3）内容过多或过旧。文章呈现的内容比较乏味，缺乏读者的兴趣点，难以引起读者的注意力和共鸣。

内容交叉

每个小标题之间无论是并列、递进还是对比的关系，都不能有重叠的内容。

我的文章《在这 3 个地方不占“便宜”的人，才是聪明人》，最初的大纲草稿如下。

（1）不贪他人好处，有来有往。

（2）不贪口舌之利，嘴下留情。

（3）不贪意外之财，做人靠谱。

写完后我发现第一点和第三点有交叉，他人好处里包括意外之财，于是我改成了：

（1）不贪口舌之利，嘴下留情。

（2）不贪意外之财，做人靠谱。

（3）不贪他人功劳，光明磊落。

改完后就是围绕这 3 个维度展开，分别是沟通层面、物质层面、精神层面。

方法： 列完提纲后可以往大的方向概括每个小标题所属的类别，如果有两个小标题是在同一类别就要替换其中的一个。

逻辑不通畅

逻辑矛盾或者不通畅的情况比较常见，往往会给读者带来困扰。

我的文章《反省自己，是一个人变好的开始》，刚开始的大纲草稿如下。

（1）人最大的愚蠢，是怨天尤人。

（2）行有不得，反求诸己。

（3）小人无过，君子常错。

（4）反省自己，是一个人变好的开始。

检查时我发现，第一点陈述观点，第二点提出解决办法，第三点表明一种现象，小人总以为自己无过，而君子经常反思，和前面以及最后一点关联性不强。大纲逻辑不严密，处于脱节状态。

修改如下。

（1）反省自己，才能有所进步。

（2）遇事不反省，终会被自己所误（对比）。

（3）反省自己，是一个人变好的开始。

改完后逻辑清晰了很多，将反省和不反省的情况作对比，然后提出结论“反省自己，是一个人变好的开始”。

方法： 递进式的大纲需要层层推进，互为因果，一旦脱节，就会导致文章松垮，不成一体。解决办法往往出现在第三、第四部分，不建议出现得过早。

内容过多或过旧

列举的观点过多或过旧，观点多就难以面面俱到，观点旧则很难吸引读者。

我在搜索《孩子有这四种迹象，说明你把孩子养得非常棒》这个选题时，提炼大纲如下。

（1）会察言观色、同理心强、会哄人。

（2）喜欢阅读。

（3）乐观向上。

（4）主动做家务。

第 1 点内容过多，我们在写大纲时切入点要小而常见。第 2 点和 3 点过于普通，所以我们可以换成“孩子的逆商越来越高”。

于是，我重新组织了大纲如下。

（1）孩子无须压抑自己的情绪。

（2）孩子的逆商越来越高。

（3）孩子拥有一颗同理心。

（4）孩子愿意主动承担家务。

第 1 点是从孩子的身心健康层面展开，第 2 点是关于挫折教育，第 3 点是关于情商方面，第 4 点则是关于劳动方面。

方法：

（1）旧词换新，比如把乐观换成逆商、复原力等；

（2）选择常见的切入点，而不是同时切入好几个点，聚焦一个点讲透即可。

好的文章框架，能够突出文章主题，抓住读者的注意力，增强文章的阅读吸引力，提高阅读量和转发量。提前梳理思路，对具体的文章写作非常有效，它使内容架构更清晰，使文章更加流畅、易于理解。

4种框架公式，让你下笔如有神

在新媒体写作中，良好的逻辑思考能够帮助我们清晰明确地进行表达。在《麦肯锡入职培训第一课》一书中，作者大岛祥誉将逻辑思考比作对思考进行烘焙的过程。作为写作者，我们需要经过两个步骤：第一步是批判性思考，第二步是逻辑展开。这两步缺一不可，才能使文章传达的思想快速精准地被读者理解。

在新媒体文章中，有4种常用的框架：并列、递进、对比和SCQA。这些框架能够为文章提供逻辑性和结构性的支撑，使文章更加有条理和易于理解。因此，我们可以尝试运用这些框架，进一步提炼出选题的核心要点，形成公式化的框架模板，提高写作效率。

并列式

并列就是从并列的不同角度阐述一个观点。举个例子，苹果包含红苹果、青苹果、黄苹果等，这几种都属于苹果类，彼此的关系是并列的。

这种写法是新手最易上手的，好处是随机增减一个角度，不会对全文产生影响，缺点是比较平淡。

我的文章《卸下你的累》中的并列式框架是这样的。

（1）一件事，改变不了，就放下。

（2）一条路，走不通，就拐弯。

（3）一段情，留不住，就离开。

（4）卸下你的累，解脱你的心。

前 3 点罗列出了“卸下累”的三种具体表现，一件事、一条路、一段情是并列关系，而第 4 点是对文章的总结。

再举个例子，文章《读书和不读书的人，运气是不一样的》中的并列式框架是这样的。

（1）书读得越多，越容易抓住机会。

（2）读书，是战胜低谷最好的方式。

（3）人生转运，从读书开始。

越容易抓住机会、战胜低谷最好的方式、转运的开始这三点都是并列的，更具体地说，都是读书的带来的“好处”。

在《“我终于把孩子吼成了窝囊废”》一文中，并列式框架是这样的。

（1）不会好好说话的父母，是孩子性格缺陷的元凶。

（2）语言暴力是孩子一生的伤痛。

（3）大吼大叫是周而复始的悲剧。

孩子性格缺陷的元凶、一生的伤痛、周而复始的悲剧这三点也是并列关系，属于吼孩子带来的三种不好的结果。

方法：

（1）并列式结构可以从主题关键词的具体表现、带来的好处、带来的不良影响这三个方面去展开；

（2）每一个小标题都属于大标题的一个分支，最好统一句式，更易列出大纲。

公式：并列式框架 =（总观点）+ 观点 1+ 观点 2+ 观点 3+（总结主观点）

对比式

对比即从正面和反面两个角度论证观点。

比如我的文章《反省自己，是一个人变好的开始》的对比式框架如下。

（1）反省自己，才能有所进步。

（2）遇事不反省，终会被己所误。

（3）反省自己，是一个人变好的开始。

反省自己和不反省自己带来的不同结局是有所进步和被己所误，从而告诉读者只有反省自己，才会慢慢变好。

我的文章《〈三十而已〉：妈妈三观正，才是孩子一生的福气》中，对比式框架如下。

（1）妈妈什么品行，孩子什么德行。

（2）妈妈三观端正，孩子福气满满。

（3）妈妈三观不正，孩子悲剧不断。

（4）妈妈三观正，是孩子一生最好的护身符。

先总写妈妈的品行决定孩子的德行，第二点从正面写妈妈三观正带给孩子积极的影响，第三点写妈妈三观不正会导致孩子悲剧不断，第四点总结全文，其实是对标题的诠释。

方法： 从正面、反面依次阐述文章观点，重点是突出正面、反面带来的不同结果。

公式： 对比式框架 =（总观点）+ 正例（带来好结果）+ 反例（导致不良影响）+（总结主观点）

注意： 总观点和总结主观点根据具体情况来写，可以先总后分，也可以先分后总，还可以总分总。

递进式

并列式的每个部分都是并列的，随便拿走其中某一部分影响不大；递进式则是一环扣一环，每个部分层层递进，齐心协力论证观点，但凡删掉其中一部分，都会对文章造成影响。

你一定听过这句广告词："得了灰指甲，一个传染俩，问我怎么办，马上用亮甲。"

得了灰指甲是发生的情况，原因是传染来的，解决方案是"用亮甲"。

我的一篇文章《不要拿别人的地图，找自己的路》的框架是这样的。

（1）你羡慕的生活，未必适合你。

（2）每个人，都有独一无二的坐标。

（3）不要拿别人的地图，找自己的路。

（4）在自己的人生轨迹里，过好余生。

第 1 点陈述观点是什么——你羡慕的生活，未必适合你，第 2 点解释为什么——因为每个人都有独一无二的坐标，第 3 点就是怎么办——不要拿别人的地图，找自己的路，第 4 点升华——在自己的人生轨迹里，过好余生。

《让你不舒服的关系，都是错的》的框架是这样的。

（1）关系再好，也不要过分打扰。

（2）让你不舒服的关系，都是错的。

（3）与其为难自己，不如趁早远离。

（4）最高的情商，是懂得让自己舒服。

第1点陈述观点，第2点解释原因，第3点告诉读者方法论，第4点升华到情商。

方法： 第1点提出观点是什么，第2点追问原因是什么，第3点告诉读者方法论，第4点再次升华。

公式： 递进式框架 = 是什么 + 为什么 + 怎么办 + 进一步升华观点

SCQA

SCQA框架是一种常见的自媒体文章写作框架，它包括情景（Situation）、冲突（Complication）、问题（Question）和答案（Answer）四个部分。

在写作时，我们首先通过一个熟悉的情景引入主题，这个情景通常与我们的实际情况或要求存在冲突。然后，根据这种冲突，提出问题或疑问，并对问题进行分析。最后，根据问题，给出解决方案和实用建议。

当我们熟悉了这种写作结构后，可以调整SCQA各部分的顺序，也可以选择只写其中的三个部分，例如SQA。根据文章内容的需要，我们可以灵活安排。

掌握了SCQA框架，我们就能够将之应用于大部分新媒体文章，不论是故事类的文章、实用的干货文还是观点文。甚至在职场中，我们也可以用这种方式进行高效沟通，吸引对方的注意力。

我的文章《为什么两口子，越过越没有感觉？》的框架如下。

（1）日久厌倦，务实磨平了浪漫。

（2）情感欠费，冷漠耗尽了热情。

（3）频率不同，差距筑起了鸿沟。

（4）新鲜如初的婚姻，不过取舍有道。

1）讲究呼吸感，不过压抑日子；

2）讲究私域感，不过疏离日子；

3）讲究新鲜感，不过疲惫日子。

方法： 第 1 点提出问题是什么，第 2、第 3 点分析问题，第 4 点解决问题。

公式： SCQA 框架 = 提出问题 + 分析问题 + 解决问题

通过拆解这篇文章，我们了解了完整的 SCQA 框架。

SCQA 框架是一种“万能”的写作框架，适用于大部分文章。在使用这个框架时，写作者需要满足一定的要求，包括深入分析原因并提出具体解决方案，确保解决方案与原因相匹配。

许多初学者在写作时常常面临一个问题，就是分析原因过于空泛，只停留在表面，缺乏针对性；同时，提出的解决方案也过于笼统，缺乏实用性，无法解决现实问题。

因此，在使用 SCQA 框架写作时，最好能引用一些权威的理论或方法，将其与分析原因相结合，给出具体的解决方案，这样读者会更加信服。

此外，大家平时可以多阅读与自己写作领域相关的书籍，结合书籍内容解决现实问题，既能将学到的知识应用于实践，又能为读者带来价值。

写一篇文章好比造房子，需要先搭建好框架，然后把想法按照框架有取舍地嵌入，形成文章的雏形。在日后的写作中，我们可以把这个框架当作 SOP，进行文章套用，提高选题和构思的效率。

第3章伴手礼

1. 复盘糖果

（1）人人都能学会的黄金框架模板：从概述、标题、切入点、素材、结构、闪光点、金句、落点8个部分逐一分析文章，这个模板可以用来拆文，也可以用作提纲，一目了然，效率极高。

（2）关于框架，你必须绕过的3个雷区：内容交叉、逻辑不通畅、内容过多或过旧。

（3）让你下笔如有神的4种文章框架：并列式框架、对比式框架、递进式框架、SCQA框架。

2. 解惑锦囊：

Q： 除了本章常见的3种框架，还有其他框架吗？

A： 还有故事文框架。这是一种基于故事理论的写作方式，它通过讲述一个人物的经历或某个事件的起伏过程，来传达特定的观点或主题。

这种框架的核心思想是利用故事的力量引发读者的情感共鸣，并以此来表达作者想要传达的观点。故事文框架能够吸引读者的兴趣和注意力。

举两个例子：《俞敏洪：我整整自卑了10年，自卑比狂妄更糟糕》《47岁古巨基官宣当爸，妻子52岁高龄产子，网友哭着点赞：终于等到这一天！》。

3. 小试牛刀

（1）在公众号上选择一个喜欢的选题，分别用并列式、对比式框架列提纲，列完对比网上的范文，找找差距和努力的方向。

（2）试着用本章提供的黄金框架模板去梳理一篇想写的文章。

第4章 新媒体写作三绝

凤头、猪肚、豹尾

好的文章必须有凤头、猪肚、豹尾，张弛有度。凤头意指开头要像凤凰头那般秀气漂亮，猪肚是说主体要像猪肚那样沉甸甸，充实、丰满、有分量，豹尾是指结尾要像豹子尾巴那般华丽、有力。

好的开头决定了读者的闪退率，好的内容决定了读者的读完率，好的结尾决定了读者是否愿意点赞转发。

本章将和大家探讨如何打造好凤头、猪肚、豹尾，让爆文写作一气呵成。

新媒体写作三绝：凤头、猪肚、豹尾

1 我为什么要读这篇文章——8种好开头让读者欲罢不能

- 讲好故事，快速吸睛
- 提问开篇，拉近距离
- 引用名言，百试不爽
- 现象导入，引发共鸣
- 观点直入，表达立场
- 热点关联，引爆话题
- 推己及人，直击人心
- 制造场景，引发思考

2 精准秒搜素材，猪肚丰满有料

- 新手最容易获取素材的7个绝佳渠道
- 精准搜索：你缺的不是努力，而是技巧
- 怎样找到高级感十足的素材？

3 我为什么要转发这篇文章——6种好结尾让读者一键三连

- 总结全文，升华主题
- 金句收尾，促进转发
- 关联读者，引导留言
- 表达愿景，唤起美好
- 发起号召，赋予力量
- 温柔劝诫，叫醒读者

我为什么要读这篇文章——8 种好开头让读者欲罢不能

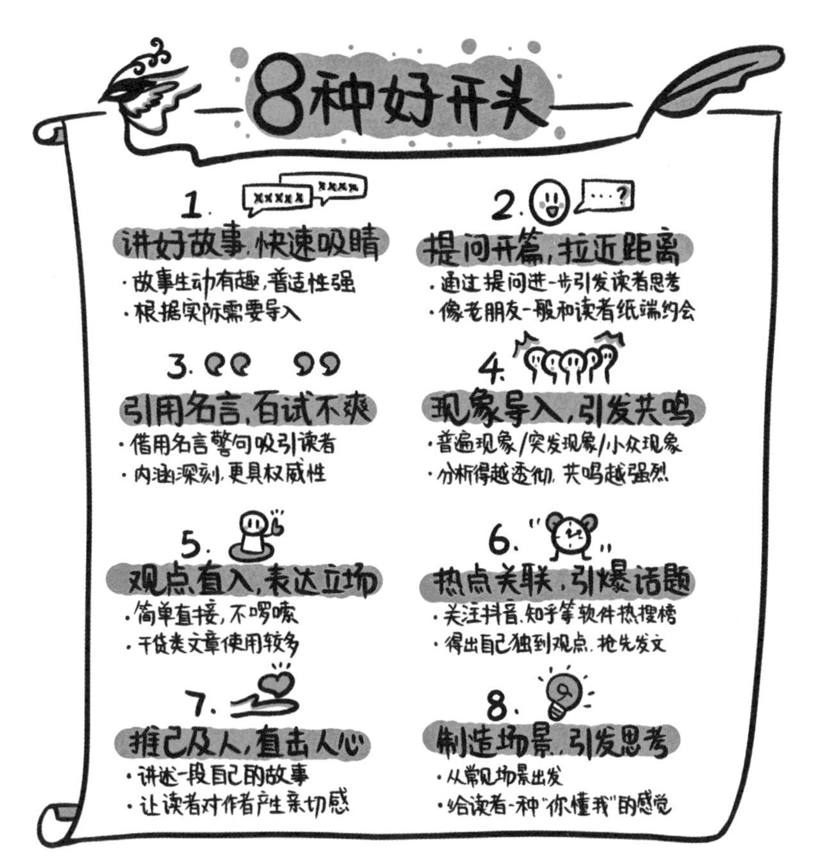

文案大师约瑟夫·休格曼提出过一个理论，叫“滑梯效应”：从文章的第一个字开始，“你的读者应该是情不自禁地阅读你的文章，他们根本无法停止阅读，直到他们阅读完所有的文案，就像从滑梯上面滑下来一样。”

这几乎是所有写作者的终极梦想：谁不希望自己的文章篇篇 10

万+，人人点赞又转发？只是，理想有多丰满，现实就有多骨感。很多作者提起笔就怕，因为被开头这只拦路虎难住了：不是导入篇幅太长，启动节奏太慢，就是素材太绕，距离主题太远……

其实，只要积累了足够多的开头模式，写出“惊鸿一瞥”的文章完全不是难事！

讲好故事，快速吸睛

故事的特点是生动有趣，普适性强。需要注意的是，我们应当根据实际需要导入故事。

文章《人这一生，都在为情绪买单》是这样开头的：

看过这么一个故事。

有一天，一条饥饿的蛇爬进了一家木工店寻找食物。

当它经过地上的锯子时，身体被锯子割伤了一点。

它愤怒地转过身去，一口咬住锯子。

结果锯子丝毫无损，它却把自己的嘴也弄伤了。

蛇更加愤怒了，红着眼睛，冲上去用力地把锯子缠住。

最后它用尽了全身的力气，也没有伤害到锯子，反倒是自己被锯死了。

可怜的蛇至死也没有明白，杀死它的并不是锯子，而是自己失控的情绪。

生活中，我们也难免遇到不如意的事，有人忧思百结，不断内耗自伤，有人脾气暴躁，因一时冲动酿成惨剧。

说到底，人这一生，都在为自己的情绪埋单。

蛇因为愤怒的情绪被自己锯死，从而联想到我们的生活，很多时候我们也是被情绪所累。从故事自然过渡到我们要向读者传达的观点——“人这一生，都在为自己的情绪埋单”，一气呵成。

方法:

（1）搜集和自己观点相关的故事，简要概括，无论是名人故事、影视桥段，还是哲理性寓言故事等，都要有延展性、有看点。

（2）从故事到观点之间一定要有过渡语做桥梁，比如“其实，生活中……”“我们生活中何尝不是如此……”等。

提问开篇，拉近距离

提问式开头是指通过提问的方式进一步引发读者思考，就像一个老朋友一般，和读者“纸端约会”。开头或提问有方，落笔入情，情意真切；或问之奇巧，别开生面，妙趣横生。

文章《牛人的时间管理，和普通人有哪4点不一样？》的开头是这样的。

> 为什么忙人的产出更多？
>
> 我相信大家也注意到一个现象。我们大家都忙，从早忙到晚，从白天忙到黑夜。熬夜加班的又不是只有你一个。
>
> 那么我们跟牛人之间的差别在哪里？在于牛人忙完以后有产出。我们好像也在忙，但忙完以后好像没啥产出。

天天被老板夺命连环Call的你，是不是一下就来了兴趣，想马上了解一下忙人产出多的秘密？

方法: 引导读者思考的问题并不是随便提出的，一定要结合文章的主题。

引用名言，百试不爽

名言式开头是指在开头部分，借用名言警句等来吸引读者。

名言警句通常简练且内涵深刻，加之出自名人之口，更具有权威性。

在文章《真正厉害的人，早把人生调成了“静音模式”》中，开头是这样的。

有人说，人到中年，才明白最高级的活法，就这么一个字：静。

而纵观身边那些活得风生水起的人，莫不把人生调成了静音模式。

雪莱说：“浅水是喧哗的，深水是沉默的。”

格局高的人，早就拥有了一张“金口”，一颗“静心”。

我的文章《这 8 个心理效应，学会一个受益终身》的开头是这样的。

《红楼梦》里有一副对联：“世事洞明皆学问，人情练达即文章。”

为人处世，若能守住心和情，管住嘴，保持好分寸和清醒，你就会愈加通透。

与其等待他人帮助，不如做自己的摆渡人。

这 8 个心理效应，学会任意一个你都将受益终身。

方法：

（1）可以在网上搜索“主题 + 名言”，也可以去句读、一言等软件上找。

（2）在《句子迷》《名言一本通》等相关金句书籍中查找。

（3）阅读 5 ～ 10 篇同类选题文章，从中择取适合的名言警句。

需要注意的是，名言警句一定是和主题紧密契合的，如果是古文的话，后面要解释到位，以免读者不知所云。

现象导入，引发共鸣

可以写一个普遍的现象，或者突然出现的现象，再或者很多人还没发现的现象，并把它与正文关联起来。现象分析得越透彻，越能引起读者的强烈共鸣。

《年轻人不想上班怎么办？》的开头如下。

前段时间，在微博上看到一个段子，描述了“当代青年五大现象”：

持续性不想上班，间歇性崩溃，送命式熬夜，做梦式想暴富，习惯性治愈。

不少网友表示纷纷中枪，这不就是现实中的我吗?

每天早上都要在内心挣扎无数次，才不得不逼自己起来上班；

一到周日的晚上，想到第二天就要上班，就陷入莫名的焦虑……

不想上班，对钱感到焦虑，亲密关系糟糕……这些都是普遍存在的现象，许多读者对此深有体会，但是无计可施。

《朋友圈三大反常现象，戳穿了成年人社交真相》的开头如下。

自从网上聊天成了不可避免的事，我们总在朋友圈找寻各种迹象：

秒回的人，最在乎你；

朋友圈点赞，看出你的社交能力。

也许朋友会背叛你，聊天记录却从来不会。

可当你成熟了，就会发现，很多事情都太反常，你苦思冥想得出的结论，或许只是自我感动。

成年人的感情，没那么多迹象可找。

在开头导入常见的现象，让读者倍感亲切，觉得我们就是他们的解语花。

方法：

（1）养成写日记或者说说的习惯，观察、记录身边现象，结合微博热搜、知乎热榜等选择有代表性的现象。

（2）摘抄公众号的头条文章标题，一般头条文章都最能戳中读者痛点，比如《一语道破同学聚会的本质，句句戳心》《高考分数出来了，请不要打扰别人的幸福》。

观点直入，表达立场

直接摆出观点这种方法简单直接，不啰嗦，在一些干货类文章中出现得比较多。

在《世界上最厉害的算命（深度好文）》这篇文章中，开头是这样的。

> 世界上最灵验的算命，叫因果。
>
> 所有命运，皆为因果。
>
> 人这一生，其实就是一场修行，你是什么样的人，就会修出什么样的果。
>
> 没有无缘无故的好运，也没有无缘无故的厄运，每一次好运的降临都是你曾经存下的利息，每一次厄运的到来，都是在为过往补偿代价。

在《2023 年，中国的生存法则彻底变了》一文中，开头是这样的。

> 别人如何对待你，都是经过了你的“允许”，都是你教的。
>
> 任何一段糟糕的关系，都有你的功劳。没有你的允许，没人能

伤害你。

人与人之间通过一种无形的力量互相影响，你进我退，你退我进。你的姿态和态度，决定了别人用什么样的态度对待你。

你会发现这类开头没有名言名句，也没有故事或者提问，有的就是写作者的观点。

方法： 开门见山亮出观点，注意保证语言简练，不要拖泥带水。

热点关联，引爆话题

抖音、知乎等软件都有每日热搜榜，而这正是最好的热点风向标，新媒体写作者一定要随时关注并从中得出自己独到的观点，抢先发文。

这是《“万柳书院”爆火，百万人争当家奴：人这辈子，最贵是什么？》一文的开头。

要问这几天网上什么最火，绝对非“万柳书院”莫属。

抖音有个“# 万柳书院”的词条，约有 5.6 亿播放量；

而定位在这个地址的账号一夜之间涨粉 80 万；

人在家中坐，火从天上来。

那么，万柳书院到底是一个什么神奇的地方？

这样的热点文自带流量，对于贫富差距带来的不同人生境况，许多读者都有窥探欲和表达欲。

方法：

（1）从新闻或者视频中提炼关键词，删去无关枝节，切忌照搬照抄或者语言啰嗦，用 3 ～ 5 句话概括热点。重点应放在热点带来了何种影响、引发了何种热议，随即亮出自己的观点。

（2）看到热点时，第一时间在纸上罗列想到的选题，逐一删除太过普通的选题，同时对标网上类似热点的类似选题，层层筛选。只有新热点 + 独到观点才能真正引爆话题。

推己及人，直击人心

想让自己的文章得到读者青睐，最直接的办法就是让文章具有亲切感。无论是怎样的文字，都比不上写作者具有真情实感的亲身经历，所以有些写作者在处理开头的时候，都是直接讲述一段自己的故事，从自己的故事出发，最后过渡到文章的主题。

在《“我想过和你结婚的”》一文中，开头如下。

和朋友闲聊时，她忽然问我：

“你距离爱情最近的一次，是什么时候？”

我想了想，回她说：

“大概是想和他结婚，有个家的时候。”

结婚，是爱一个人最高形式的表达。

那不是一时的冲动，而是积攒已久的勇气。

推己及人式开头最大的好处就是能在读者与写作者之间，借助文字的力量建立起一种微妙的联系。但新手写作者一定要注意，不要随意捏造自己的亲身经历，否则很容易弄巧成拙。

方法： 我们要把握好度，尽可能地写出真情实感，也唯有亲身经历才能让读者感同身受。

制造场景，引发思考

《细节见商机》一文的开头如下。

许多人都有这样的经历：

在大城市里，你能在导航的指引下找到一间干净明亮的公厕，但火急火燎地寻遍厕所的每个角落后，也找不到一张厕纸。

我们往往又气又恼，但也习惯了这种落差。

而且不仅公厕如此，在一些看起来高大上的场所也常遇到无纸的窘境。

《成年人的择偶标准：聊天舒服》一文的开头如下。

你有没有遇到过跟你特别契合的人？

你说的每个话题，他都能侃侃而谈；你发表的每个意见，他都能表示理解；你的笑点他能懂，你们沟通零障碍；你甚至觉得，他一定是你的灵魂伴侣。

但很有可能，你只是遇到了一个情商、智商和阅历都在你之上的人。

所以你的经历他都有，你的心思他都懂。只要他愿意，他可以跟很多人“心有灵犀”。

但是你感受不到，他有半分炫耀自己。

一个人厉害的体现，就在于相处时让人舒服。

没有居高临下的优越感，而是“向下兼容”，体贴那些不如自己的人。

从常见的场景入手，切中最大范围群体的感受，在开篇就给读者一种感觉——“你懂我”。读者不由自主地将自己代入其中，自然就会顺着写作者的思路往下读。

方法：

（1）切入的场景一定要有代表性，不要太小众。

（2）常用的句式有“不知道你有没有过这样的时刻……”“有多少

妈妈，心里藏着这样的困惑……”“很多职场新人有这样的感受……”“如果你的老公有以下这些习惯，请进来看看”等。

所有的开头都是在为观点铺路，观点即态度，观点即爆点。

开头整体节奏不要太慢，我们需要通过快节奏调动读者的情绪，让他们快速沉浸在我们的内容中。少说废话，保持观点清晰，打开读者的认知缺口。给读者传递他们不知道的、有价值的信息，激发他们的好奇心，也就会让他们产生继续阅读的欲望。

这 8 种开头可以混合使用，无论怎样，都要多用清晰短句，让叙述更紧凑，尽量多换行。

记住一句话，凤头之美，美在克制。只要读者能够通过开头快速清楚地了解我们想传达的观点，我们就赢了。

精准秒搜素材，不再无米下锅

先来做一道小测试：

在下列选项中，你认为哪一项是萌新作者最容易突破的？

A. 角度　　　　B. 语言　　　　C. 选题

揭晓答案：A、B、C 都不对，答案是素材！把握写文章的角度需要长期的积累，写出打动人心的语言也需要时间的锤炼，做选题更加需要多重训练，才能具有判断与挑选选题的敏锐度。对于萌新作者来说，唯有素材是最容易突破的。

同一篇文章，如果你暂时在选题、角度、语言上都不能取胜，那你可以用更稀缺、更高级的素材来论证自己的观点，文章也就瞬间拥有了闪光点。

俗话说“巧妇难为无米之炊”，没有素材，再厉害的作者也难以“烹饪”出一篇好文。素材也是“猪肚”丰满的关键，贴切又有说服力的素材，能让文章变得更丰富立体。

简单来说，写文章时，可以由近到远，先用自己的经历或者自己熟悉的素材，然后再通过外部搜索素材，最后逐步淘汰、优中选优，这样内外结合能使自己更好地驾驭一篇文章。

新手最容易获取素材的 7 个绝佳渠道

你是不是总遇到这种情况：要不写一篇文章花费一周甚至十几天找素材，要不费尽心思找到了几个可用的素材，却发现早已被无数作者用过了，更扎心的是，你暂时也找不到更好的素材了。

素材的质量直接决定了文章的高度和内涵。精准地搜索素材是一个优秀写作者的必备能力。那到底如何搜索素材呢？下面分享 7 个重要的搜索渠道。

1. 生活故事

只要你细心观察，生活处处皆素材。不管是亲身经历，还是所见所闻，都可成为素材。

如果你尝过没钱的痛苦或者有钱的甜头，可以写一篇《赚钱，是世上最好的修行》；目睹身边朋友经历了不少挫折却仍然乐观生活，可以写一篇《人到中年，做一个能扛事的人》。

2. 四大门户网站

四大门户网站是新浪、搜狐、网易、腾讯，这四个网站的定位有所不同，新浪偏时政、搜狐偏娱乐、网易偏品质、腾讯偏生活。

需要注意的是，无论在哪个网站上找素材，我们都可以切换不同选项，比如新浪搜索关键词“家庭内耗”时，有“网页”“资讯”“视频”等选项，不同选项会有不同内容。

3. 文章 / 话题评论区

无论是微博还是抖音，评论区是最容易被我们忽视的素材宝藏区。尤其是点赞最高的评论，它也许是很扎心的一句话，也许是感人至深的个人故事，都可以成为素材。

“洞见”的某篇文章的评论区有一条高赞留言，讲述了读者离异后把两个孩子拉扯大，自己一个人扛过生活的各种苦难的经历，获得 1624 个点赞。我们可以在《中年女性没空矫情，要狠狠赚钱》《人生再难，熬过去，你就赢了》等励志类选题中使用这个素材。

4. 公众号文章

有一些优质的公众号的内容做得特别好。你可以给这些公众号加星标，把它们当作重点关注对象，定期翻阅它们的文章，当你有需要时，就从中快速查找自己需要的素材。

比如，你要搜索内耗主题的相关素材，可以打开微信输入“内耗”，接着在众多选项中选择“文章”，最后再点击“已关注的公众号”，这样可以快速搜出有价值的素材。

5. 热点话题

最新的新闻事件或者上映的电影、热播的电视剧、热搜都可以成为写作素材。

热点自带流量，跟随热点的好处是可以驾驭多种选题。

比如，电视剧《狂飙》大火，你就可以写《〈狂飙〉大结局：人这一生，最该看透这 8 个真相》《〈狂飙〉火了，张颂文变了》，从生活、主角、婚姻等不同角度写文章都会引起不少读者的共鸣。

6. 专业书籍和课程

写一篇干货类文章，需要你有系统深入的知识储备，这样才更有说服力。这时，单靠搜索碎片化文章就难以找到好素材了。

比如，你要写时间管理这个话题，就可以去当当网查阅一些相关的专业书籍，还可以去荔枝微课和千聊等平台寻找讲时间管理的课程。这样的专业书籍与课程才是真正有干货。

上面的方法更适合时间充裕的写作者，如果时间紧张，推荐大家使用微信读书 App，可以搜索热门划线句子、书评，这样搜索效率更高。

7. 个人整理素材库

个人整理的素材库也很重要。每个写作者应该建立自己的素材库，分类越细越好，这样写作时你就不需要临时抱佛脚，可以轻松找到自己需要的素材。

你可以把素材分成这几类：灵感素材、历史名人、娱乐八卦、成长心态、刷新认知等。

以上 7 种搜索渠道，只要你能够熟练使用，你就可以搜到任何有用的素材了，这样会更好地帮助你写作。

精准搜索：你缺的不是努力，而是技巧

具体搜索素材时，相较于大海捞针式的盲目努力，你更应该对素材进行精准搜索，这样才能事半功倍。

下面教大家 5 个在线精准搜索的小技巧。

注意：在使用符号、术语进行搜索时，要在前面加一个空格，所有的符号都要在英文（半角）状态下输入。

1. “+”：添加搜索项

比如，同时搜索蔡元培和齐白石的故事，就输入“蔡元培 + 齐白石”。

2. “-”：排除搜索项

比如搜索“徐志摩”，想要过滤掉他和林徽因的故事，就输入“徐志摩 - 林徽因”，搜索出来的内容就鲜少会有他和林徽因的故事。

3. “*”：代替未知文字

在搜索诗词、名言警句时，可用“*”这个通配符号来代替记忆模糊的内容，常用于名言名句的查询。

比如：一粥一饭当思 *，就可以快速查到后面的内容“来处不易；半丝半缕，恒念物力维艰”。

这个方法的妙处是句子的出处往往会出现在最前面。

4. “filetype:”指定文件格式

当需要搜索电子书或相关文档时，可使用“filetype:”指定文件格式。

比如，搜索《清华写作与沟通课》，文件格式为 txt，可以输入“清华写作与沟通课 filetype:txt”。

5. “site:”：指定由某个网站提供信息

比如，输入“沈从文与张兆和 site: 知乎”，结果显示的就是知乎所提供的内容。

怎样找到高级感十足的素材

你是否以为，现在的素材就很全了呢？其实并不是。你还应该结合上一节的方法，从中选取最契合主题的素材，或者通过裁剪、优化，得到一个全新的素材。

这一点常常会被人忽略，或者有的人因为嫌麻烦而放弃搜索。

这就是为什么同样的主题、同样的选题，不同人会写出水平不同的文章。

我们来看下面这个例子。

同样是写关于友情的选题，A 写身边两个朋友间的生活小事来论证友情的可贵，B 用鲁迅和蔡元培之间的友情轶事来论证，孰优孰劣，答案是不言而喻的。

记住：名人故事是我们的最优选，身边故事则是第二选择。

明明是同一个选题和角度，青铜和王者写出来的效果却有天壤之别，问题很可能是出在了素材上面。有些素材老旧干瘪，让人只想一键滑过，有些素材则让读者惊呼高级，击节称赞。

那么，到底什么样的素材，才算是高级感十足呢？

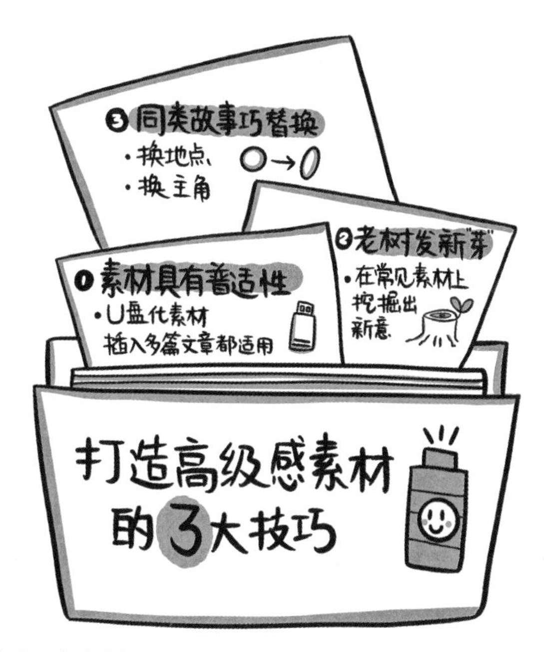

打造高级感素材有这三大技巧：素材具有普适性；老树发新“芽”；同类故事巧替换。

1. 素材具有普适性

罗振宇曾经提出一个形象化的概念：U 盘化生存。说的是一旦我们遭遇不确定性，我们就应该像 U 盘适应各种电脑一样，去适应各种新的环境。

素材同样如此，一个高级的素材就是 U 盘化素材，插入多篇文章都能够适用。尤其对于萌新作者来说，在写作初期倘若能积累一定数量的 U 盘化素材，绝对能让写作者事半功倍。

剧中的周秉昆和郑娟，是我最喜欢的一对儿。

初相遇的时候，两个人都过得很苦。

周秉昆就是一个在酱油厂打工的工人，而郑娟平时只能靠着糊纸盒才能活下去。

可就是这么两个自顾不暇的人，却都对对方产生了怜悯之心。

周秉昆心疼郑娟一个人带着孩子，还要照顾盲人弟弟，抽空就过来帮忙干重活。

后来周秉昆进了监狱，郑娟不顾外面的流言蜚语，天天去照顾他瘫痪的母亲。

好不容易在一起了，两个人却连个像样的房子也没有，周秉昆还丢了赚钱的工作。

可是夫妻俩谁也没埋怨谁，反而合力开了个面馆，起早贪黑地干，日子这才慢慢有了起色。

这个素材讲的是《人世间》里周秉昆和郑娟患难与共的故事。

从亲密关系角度切入，我们可以把它用于选题《这才是男女之间，最舒服的关系》；郑娟对周秉昆不求回报地付出，最后收获幸福，从这个角度切入，素材可以用于选题《钝感力：破除苦难的利器》；郑娟在付出的过程中其实压力很大，但是她始终贤惠温柔，从这个角度切入，又可以把素材用于选题《情绪力：幸福生活的法门》。

只要将原素材稍加修改，素材就能被多方位运用于不同的文章，这样的素材就是非常高级的。

2. 老树发新“芽”

当大家提到民国的爱情故事时，很多人的第一反应就是那段著名的四角恋——林徽因、徐志摩、梁思成、金岳霖之间的纠葛。这个素材可谓是老生常谈了。

其实，素材老套和素材高级往往只有一线之差，如果能在常见素材中挖掘出新意，就会让读者耳目一新。

我们来看下面这个例子。

后来的林徽因再提起当年和徐志摩的旧事时，这样说道：“志摩爱的不是真正的我，而是他想象出来的林徽因。”

这就是旧瓶装新酒，林徐两人的爱情故事人尽皆知，却鲜少有人知道林徽因曾对徐志摩做过这样的评价。这种素材反而更能打动读者，因为读者通过这篇文章收获了意想不到的信息。

我在文章《别把对你好的人弄丢了》第三部分中写了周杰伦在籍籍无名时得到刘畊宏的帮助，尤其是周杰伦被他引荐给前辈时没发挥好，刘畊宏却愿意拉下面子为周杰伦求情。

这个故事其实是我年少时在书上看到的，写作时我特意查了，引用这个素材的文章很少。这篇文章后来被人民日报《夜读》栏目转载，阅读量过百万，“在看”点击量是 3.8 万。

一篇文章最大的价值，就是给读者带来出乎意料的故事或者耳目一新的观点，而这也是写作最大的意义。

3. 同类故事巧替换

有一个比较热门的选题《认知水平越低的人，越爱反驳》，下面这个素材被用过很多次。

一位老教授和自己的学生路过菜市场，打算顺带买条鱼回家。

老教授选了一条刺较少的清江鱼。

鱼贩摇摇头，忍不住调侃："读书人就是读书人，只会读书，不会挑鱼啊！"

一旁的学生听不下去了，上前与鱼贩争辩，双方坚持己见，互不相让。

教授见状，一把拉走了学生。学生纳闷。

教授微微一笑说："我们没必要与他争论，他看重的是鱼的美味，我在乎的是刺少方便，立场不同，难以达成一致。"

素材虽老，但是这个情节偏偏是和我们文章主题最贴切的，怎么办？很简单，我们可进行同类替换，让素材瞬间"换装"。

有一位研究古代服饰的老教授，经常去逛旧书市场。

有一次他和助手去淘书，挑中一本关于清代服饰的画册。

书摊老板看到后，说："你们眼光不行啊，这本画册是大路货。我这边有《芥子园画谱》，要不看看？"

老教授还是坚持自己的选择，书摊老板嘲笑说："你们这些老先生，喝了些墨水，就觉得自己什么都知道，可在书籍这块，哪些书值钱，还是我懂。"

一旁的助手看不下去了，便上去与他辩驳，老教授赶紧拉着她离开。

回去路上，助手闷闷不乐地问：“这个书贩如此羞辱人，您不生气吗？”

老教授微笑着说：“这有什么好气的，他一个书贩子，当然只懂得拿值不值钱来衡量书，却不明白，有些书的价值，是无法用金钱计算的。”

上面两个案例的主题一致，属于同类素材。我们还可以把素材场景设置为书店、商场、电影院等，也可以把素材的主人公换成其他职业的人，并改编素材的部分情节去论证主题。

如果我们想要写出读者喜欢、主题和素材新颖、可读性强的文章，平时就要重视素材，培养对素材的敏锐度和感受力。我们可以通过 7 个渠道搜索素材，也可以精细化搜索素材。

建议大家平常做个有心人，身边带上笔和本子，把看到或听到的新闻和故事及时记录下来，也可以用手机备忘录或印象笔记等软件进行记录。

在筛选素材的过程中，我们可以优先考虑普适性强的素材，还可以挖掘素材背后不为人知的细节、巧妙替换素材等，这样我们就不用再为素材发愁了！

我为什么要转发这篇文章——6 种好结尾让读者主动分享

诺贝尔经济学奖得主丹尼尔·卡尼曼曾提出峰终定律，即人们对体验的记忆由两个因素决定：高峰时与结束时的感觉。

也就是说：人能记住的体验只有高潮和结尾部分。

同样的，读者对一篇文章的评价也取决于其在阅读过程中的高潮体验和结尾感受。因此，作为写作者，我们需要精心设计文章的结尾，以确保文章能给读者留下深刻的印象，并让读者愿意分享文章给他人。

点赞、在看和转发数据是衡量文章效果的重要指标。掌握以下 6 种结尾写作技巧，能够让读者迅速产生共鸣，愿意分享文章。

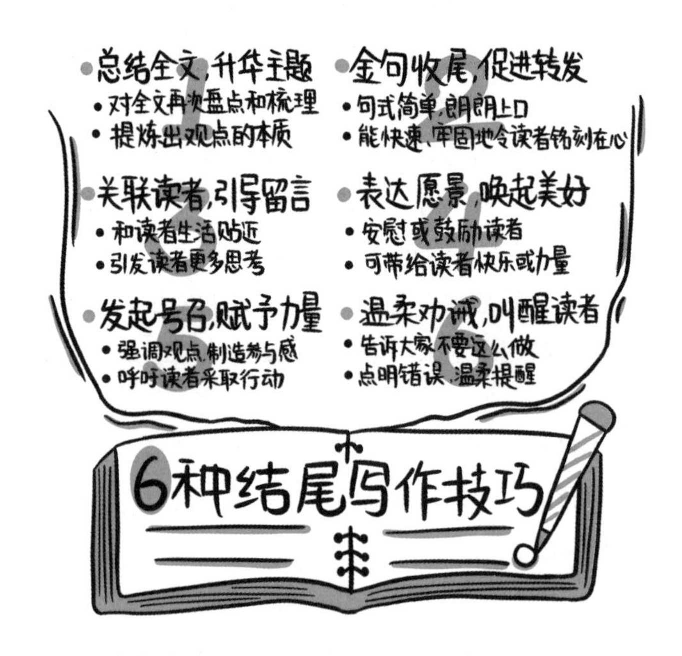

总结全文，升华主题

总结全文，升华主题是最常用的结尾方式，在结尾对全文每部分内容进行盘点和梳理，提炼出观点的本质，简单易懂。

《演了一生的戏，啥时才能成为自己》一文是这么结尾的。

人的生命，都会经历三重境界：

见自己，发现自己的禀赋，成为真正的自己；

见天地，把小我境界提升到大我境界；

见众生，完全放下自我，真正实现无我。

作者先对文章的要点做了三点总结：见自己、见天地、见众生。最后在总结中，对主题进行进一步升华：从发现自己的禀赋、成为真正的自己，提升到大我境界，再到真正实现无我。

这样的方式，就是把全文关键点进行总结与升华。但总结时，要再给读者一些惊喜，拔高他们对于此文的理解。这样的结尾绝对是加分的。

之前我写过一篇文章，题目叫《做人留一线，日后好相见》。这篇文章是这么结尾的。

不给别人留活路，就是在挖断自己的后路。

只顾成事、不顾做人，虽能得一时之利，逞一时之风光，但站不稳、走不远，未来的下场必定惨不忍睹。

正如那句话所说："做人留一线，日后好相见。"

话，不能说得太满，满了难以自圆；

事，不能做得太绝，绝了难以进退；

利，不能占得太尽，尽了难以自续。

风水轮流转，给别人留余地，其实也是给自己种下好的因果。

这篇文章的结尾中，第一部分向读者说明做人留一线的三个方面，这是对全文的总结；第二部分在这基础上进行主题升华——风水轮流转，给别人留余地，其实也是给自己种下好的因果。

方法：

（1）总结文章的关键词，简单梳理小标题，列出文章所陈述观点的本质，层层递进。

（2）简要梳理文章内容，最后用能够引起读者共鸣的金句拔高文章主题，进行升华。

这种结尾可以让读者产生更强的共鸣，让文章更容易得到他们的喜爱。新手作者可能很难做到升华主题、拔高立意，那么就做好总结，引发读者的认同感。

金句收尾，促进转发

什么是金句呢？

金句多为短句，句式简单，要么文采斐然，要么富含哲理，读起来朗朗上口。

金句重在精缩，要能快速、深刻地铭刻在读者心中。

为什么要在结尾针对主题写金句呢？因为，这是在帮我们的读者提前想好“转发词”。金句就如大珠小珠落玉盘，总有一“珠”会落入读者心里。

很多时候，公众号在排版的时候会突出金句，一方面这种视觉提醒是为了让读者的阅读体验更好，另一方面也有潜在的目的，即给读者提供，或者说设置好转发朋友圈时的“转发词”。

文章《人性最大的善良，是“换位思考”》的结尾用了金句。

换个角度，看待万物，便是善良。

心怀悲悯，互相体谅，才是人情。

懂得仁慈，近城远山，都是人间。

人生海海，谁人不是举步维艰，孤独前往。

但这世界啊，美就美在，有人是照耀他人的光，有人是等待黎明的夜。

孤独不会消失，灵魂却可相拥。但愿你，是那一束照亮别人的光。

这些对仗工整、简单凝练的句子是不是让我们心弦为之一动，在我们情绪受到感染时，会情不自禁地想转发呢？这时，我们不需要抓耳挠腮地想转发文案，只须复制粘贴这些金句即可。

在一篇被广泛传播、名为《焰火下的孤独，是每一个梦想必须经过的地方》的文章中，结尾是这样的。

当梦想照进现实的时候，每一天早晨闹钟响起的时候，是起身一跃还是翻身盖被，才是证明自己的最好答案。焰火下的孤独，是每一个梦想必须经过的地方，每一个人都一样。

这个结尾展现了一个生活化的场景，起身一跃和翻身盖被两者形成强烈的反差，让读者把自我代入到文章中。语言简单凝练，错落有致，读起来朗朗上口。

如果这个结尾换一种朴素的说法：“我们要努力奋斗，不要睡懒觉，早点起来奋斗，总会成功的。”这种口语化的表达是不是味同嚼蜡？而在结尾使用凝练、富有哲理的金句，瞬间就提升了文章的品质。

而且，最妙的是最后一句“每个人都一样”，由个体扩大到群体，引发所有孤独追梦者的深深共鸣，转发率也就得到提升了。

至于怎么写金句，我会在下一章仔细跟大家论述，此处不再赘言。

关联读者，引导留言

有一种好的结尾，它即意味深长，又很贴近读者的生活，能引发读者更多的思考。

下面这篇 LinkedIn（领英）的《为“钱”工作不可耻，但是可疑……》是这样结尾的。

职场亦是如此。

一个良好的公司管理机制，往往会把人才分门别类，即把真正的人才分为管理岗与技术岗，为的就是“用对人、做对事”。

所以，当你的工作失去了意义时，不如冷静地问自己：目前的工作，到底是否符合你的“基因”？

如果不是，我想你或许可以回忆一下，在过往的经历中，有哪件事能够让你集中精力、忘却时间、忽略外在的声音，并时不时体会到莫大的成就感。

毕竟，能决定你职业价值的不全是钱，还有努力的意义。

结尾关联读者，主要是指结尾和读者的生活产生交集，可以是生活习惯，也可以是职业技能等，引发读者思考如何去解决当下的困境或问题。

一旦读者有所触动，自然会在文末留言。

下面这篇《90 后降级型恋爱：随时分手、不用置顶、没有昵称》的结尾是这样的。

你不需要克制自己轰轰烈烈，也不用为了淡薄慎重惋惜。

只是，如果下次面对爱情，你还拿不定主意该不该“当回事”，那可以问问自己。

一种人生里充满了一段段的快乐和一次次的痛苦；

另一种人生里，很少有快乐，也很少有痛苦。

你想要怎么选？

用关联读者的疑问句来结尾，也是一种很高明的结尾方法。把问题抛给读者，让读者参与进来，动脑去思考，能很好地促进评论区的互动。让读者畅所欲言，表达自己对文章的看法以及思考，这才真正起到用文字跟读者交心的效果。

方法：

（1）可以用“……亦是如此”的句式，让文章与读者关联起来。

（2）我们也可以不断用“每个人”“你”等词加强读者的代入感，让读者看到文章对“自己”的价值。

表达愿景，唤起美好

祝愿式结尾法，就是作者在文章结尾时，安慰或鼓励读者。这类结尾用得很广泛，可以带给读者快乐或力量，使其对生活充满信心。

之前我写过一篇文章，题目叫《人这一生，只欠两人》。这篇文章是这么结尾的。

人一生，只欠两个人：生我养我的父母。

养育之情大于天，今生不足为报；父母恩情重如山，今世难以偿还。

父母见一面，就少一面，谁也不知道，哪一面就是永别。

一旦失去，再也没有人把我们当珍宝宠爱，再也没有人把我们当孩子对待。

走在消逝中，活在珍惜里。

愿你在当下给父母最需要的关怀和爱，牵着他们的手，一起走过最珍贵的岁月，不给自己留遗憾。

所谓的愿景就是一种希望，最常用的句式就是“愿你……”“希望你……”等，这也是情感文中最常见的收尾方法。

我还写过一篇文章，题目叫《真正的好丈夫，从不帮妻子做这三件事》。这篇文章是这么结尾的。

家务繁琐有人分担，孩子难带有人解忧，婆媳矛盾有人缓冲，这样的女人，一定会让这份爱惠及身边的每一个人。

毕竟，一个不懂得疼爱妻子的丈夫，只会让妻子怨天尤人，久而久之，家运就会越来越差；

而一个被丈夫用心疼爱的妻子，会心甘情愿地用爱去滋养整个家庭。

愿每一个男人对妻子多一分体贴，少一分苛责，愿每一个女人都能拥有最好的婚姻，时刻焕发光彩。

文章在最后给读者带来希望，激发读者的情绪，给他们正能量的期待。就算只冲着对美好生活的向往，读者也愿意为文章点个赞。

方法： 在总结完文章的内容后，用“希望你……”“但愿……”“愿你我……”来收尾。比如“愿你遇到一个心疼你的男人”“希望你做一个努力向上的女子”“拥有更美好的人生……”。

发起号召，赋予力量

在文章的结尾，也可以通过强调观点，让读者有参与感，呼吁读者采取行动。这种方法类似于“打鸡血”，给沮丧的读者打气，告诉他们前进的方向或解决的办法，很容易让读者转发分享。

有一篇文章，题目叫《“一场疫情，吃光家底”：存款，才是一个人的底层能力》。这篇文章是这么结尾的。

流行病实际上是一个分水岭。

有些人越来越深陷缺钱的泥潭。

而一些人会意识到没钱的风险，开始积极“自救”和改变。

电影《真爱》说：“我不爱金钱，我喜欢金钱带来的那种独立自由的生活。”

面对生存，没有人有特权。

只有足够的储蓄，才能维持正常的生活。

是时候改变你的消费观了！

不管多小的任性，都要为自由省下更多的钱。让未来的日子，可以活下去。

“是时候改变你的消费观了！”呼吁读者采取行动，开始改变。被击中痛点的读者就会随手点赞、转发。

“十点读书”有一篇文章，题目叫《疫情之下，管好自己》。这篇文章是这么结尾的。

人生，是一场修行。

我们都在路上，不断地修炼自己，磨砺自己，管好自己。

管好自己的嘴巴，不人云亦云，不随意评价，用善意取代指责，让人世间的美好环环相扣；

管好自己的情绪，放平心态，与生活和解，改变能改变的，接受不能改变的，未来方可期；

管好自己的健康，与其他相比，健康才是第一位的，保持身体健康，是每个成年人的责任。

这个世界太大，我们管不了别人，只能管好自己。

而人生最好的姿态，莫过于此。

结尾提出管好自己的嘴巴、情绪、健康，并分别告诉读者应该如何做，简明扼要，直击人心。

写文章，除了要向读者论述观点之外，还要告诉读者怎么做，为读者提供方法论或者行动论，鼓励他们将之付诸行动。这样的结尾方式非常鼓舞人心，让读者感到振奋，有较强的感染力。

方法：

（1）在文章末尾表达急切的呼吁，比如“是时候……”“与其……不如……”。

（2）如果可以，最好进一步给出行动方案“我们可以……”，多运用“希望你……”“让我们……”等引发读者的共鸣，并促使其去践行文章的核心观点。

所以，当我们希望读者做出改变的时候，可以在结尾呼吁大家去行动，或保护环境，或婚前擦亮双眼，或努力提升自我，过更好的人生。

温柔劝诫，叫醒读者

劝诫式结尾和号召式结尾很像，不同的是，号召式结尾是提醒大家要怎么做，劝诫式结尾是告诉大家不要怎么做，点明大家的错误认知或者行为，随后温柔提醒。

我在文章《做人的底线：不忘恩情，不失诚信，不伤人心》中用了劝诫式结尾。

> 古言说：“小胜靠智，大胜靠德。”
>
> 一个人可以不富裕，但不能没有德行。
>
> 小聪明，只会让人获利一时；好德行，却能让人受益一生。
>
> 做人，真的很简单，知恩守信，守住人品就够了。
>
> 人品端正的人，总会遇见贵人，福报源源不断。
>
> 无论什么时候，我们都要记住：
>
> 别忘雪中送炭的恩情，别失价值连城的诚信，别伤弥足珍贵的人心。

结尾让读者开始思考，自己是否忘恩、失信、伤人。想清楚这几点，相信有部分读者会从自己的错误中抽身出来，而不是一味沉溺在自己的世界里面。

文章《永远不要责怪你生命中的任何人》的结尾用了劝诫的方法。

感恩生命中的所有人，仇人便成恩人。

永远不要责怪你生命中的任何人。

雪中送炭也好，落井下石也罢，都让我们的人生充满意义。

人活一世，要感恩为你撑伞的人，也要感恩让你学会撑伞的人。

换个角度，仇人变恩人，所有人的出现都是为了丰富我们的人生，所以劝告读者不要责怪生命中的任何人，而是以一颗感恩之心悦纳所有。

方法：

（1）在总结完文章的内容后，用“别……”“不要……”来收尾。

（2）劝诫式结尾就是要在娓娓道来后，温柔地击中读者内心，让读者的灵魂为之战栗。当他觉得自己被我们的文字深深感动的时候，也就是他转发文章到朋友圈的时候。

“一篇之妙，在乎落句”。

一个好的结尾，就像一颗瑰丽的宝石一样，能够让文章大放异彩，同时能够带给读者更好的阅读体验，让人心潮澎湃，豁然开朗，回味无穷。

当我们没有得天独厚的写作天赋时，我们能做的就是刻意练习。以上6种结尾方法，你更喜欢哪一个呢？

第 4 章伴手礼

1. 复盘糖果

（1）开头决定了文章的打开率，有以下 8 种写法：讲好故事、提问开篇、引用名言、现象导入、观点直入、热点关联、推己及人、制造场景。

（2）素材有 5 大搜索技巧。“+”：添加搜索项。“-”：排除搜索项。“*”：代替未知文字。“filetype：”：指定文件格式。“site：”：指定由某个网站提供信息。

（3）结尾决定了文章的转发率，有以下 6 种写法：总结全文、金句收尾、关联读者、表达愿景、发起号召、温柔劝诫。

2. 解惑锦囊

Q： 可以简单介绍一下热点文、观点文、励志文、情感文、认知文、亲子文这 6 种类型的新媒体文吗?

A： 热点文一般围绕当下热门新闻、影视剧来写，可以从热点的来龙去脉、相关人物背后的故事、热点台词等方面展开；

观点文一般表达价值观，常用来表达自己的看法；

励志文侧重于给读者力量，要么带来希望，要么指引方向，要么揭示生活真相；

情感文一般侧重于感情与婚姻，探讨恋人或夫妻相处中的各种问题；

认知文往往给读者提供冷门的知识，提高读者的认知水平；

亲子文则侧重于探讨育儿过程中的问题，给父母提供解决的方案。

Q： 文章中的不同素材应该如何组合，才能发挥最大价值？

A： 这是许多作者都会面临的问题。一般来说有 3 种写法——正念正报、恶念恶报、正恶对比。

正念正报即正面例子，是指故事的主人公因为有某种好的品质而获得了圆满的结局；恶念恶报就是反面例子，故事的主人公因为品质的问题付出了应有的代价；正恶对比指的是对比例子，可以是一个故事中两个人物之间的对比，也可以指一个人物的前后对比，人物因不同的品质得到不同的结局，从而凸显主题。

一篇文章中不可单一使用一种类型素材，比如全是正面例子或者反面例子，我们应该交替使用正面例子、反面例子，还可以穿插正、反面例子的对比。

巧妙打好素材组合拳，素材就能最大限度地为我们的文章赋能。

注意：每个素材的人物名字不宜过多，关系不宜太复杂，否则容易干扰读者把握主要情节。

Q： 搜索素材时思路总是打不开，无法快速找到合适的素材该怎么办？

A： 我们可以采用关键词法。

一是可以从口语化的长句、问句中提炼简短的关键词。例如，当我们想搜索关于“一个人说话不好听会产生哪些影响”的素材时，可以想到与这个主题相关的内容，比如家庭关系中丈夫说话不好听是否会伤害妻子、父母说话不好听是否会伤害孩子，以及可能的原因，如语言暴力和沟通问题。通过分析和联系相关内容，我们可以得到关键词，如语言暴力、好好说话、如何沟通，从而搜索到各种主题相似但内容不同的素材。

二是在确定文章主题后，进一步扩展关键词，以搜索不同的素材。可以寻找关键词的近义词、反义词和相关动作。举例来说，如果关键词是“控制”，可以搜索近义词，如抑制、掌控、限制、操纵，反义词如放任、摆脱、放纵，以及这些词的近义词和反义词。如果“控制”描述的是父母与孩子之间的关系，还可以根据关键词产生的相关动作想象父母可能会做出的行为。通过这种方式扩展关键词，可以获得更多不同的素材。

3. 小试牛刀

（1）搭建自己的开头素材库或结尾素材库，用本章方法搜索素材，看看自己能找到多少有稀缺性的素材。

____

____

____

（2）从本章写开头的 8 种方法中任选一种写一个开头。

____

____

____

第5章 直击爆文本质

打好人性这张牌

有这样一句话："你的思维方式铸就了你今天的样子，这样的思维方式，却不能让你变成你想成为的样子。"固化的思维，只能让我们在迷茫的怪圈里兜兜转转，不知去向。很多时候，我们被拒稿不是因为能力不足，更不是因为不努力，而是因为我们思考的方式不对。

爆文的本质就是吸引人——"有价值、感兴趣、喜欢看"，如何快速抢占读者的注意力，是我们首要解决的问题。

直击爆文本质：打好人性这张牌

① 氛围感拉满

- 动态化
- 形象化
- 想象化

② 30秒造金句

- 关联词造句法
- 巧用修辞法
- 搜词法
- 拆字法
- 韵母押韵法
- 段子法
- 混搭法

③ 细节是魔鬼

- 道清姓名地名，方显真实可信
- 填补语言细节，折射人物思想
- 刻画神态细节，丰富人物形象
- 聚焦动作细节，场景跃然纸上

④ 谁不爱故事

- 障碍＋行动＋转折＋结果
- 结果＋过去＋原因＋结论
- 目标＋障碍＋奋斗＋结果

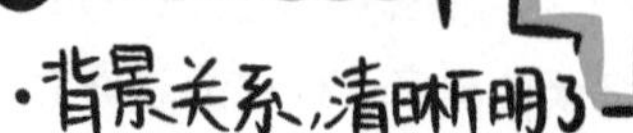

⑤ 加法写作

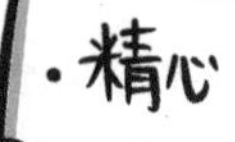

- 背景关系，清晰明了
- 但凡生涩，务必解释
- 观点单一，拓展维度
- 数据支撑，观点有力

⑥ 减法写作

- 精心
- 精简
- 精准

氛围感拉满：三个小妙招，让画面活起来

一篇文章是否能够触动读者的情绪，很大程度取决于场景化写作。

“怕上火，就喝王老吉！”是一种场景，“你写PPT时，阿拉斯加的鳕鱼正跃出水面”也是一种场景。简单地说，场景化写作就是让文章有画面感。

做到下面这三“化”，文章画面立即变得活灵活现！

动态化——少用形容词，多用动词

托尔斯泰说：“在艺术语言中，最重要的是动词。文章具体才能生动，动词摹写的形象，永远高于形容词虚拟的形象化。”

文字最怕抽象，一抽象，读者就觉得枯燥无味。怎么办？用动词搭建画面，而不是用形容词堆砌形象。选择合适的动词不仅可以使文字更加生动，还可以提升文章的整体韵味。

叶圣陶《荷花》中有一个片段：

荷花已经开了不少了。荷叶挨挨挤挤的，像一个个碧绿的大圆盘，白荷花在这些大圆盘之间冒出来。

“挨挨挤挤”和“冒”字用得极为传神，把荷花的茂密和灵动之感描述得淋漓尽致。

步履不停的广告文案许多人应该看过：

你写PPT时，阿拉斯加的鳕鱼正跃出水面；你看报表时，梅里雪山的金丝猴刚好爬上树尖；你挤进地铁时，西藏的山鹰一直盘旋云端；你在会议中吵架时，尼泊尔的背包客一起端起酒杯坐在火堆旁。有一些穿高跟鞋走不到的路，有一些喷着香水闻不到的空气，

有一些在写字楼里永远遇不见的人。

它将乏味的办公、会议以及地铁这些读者熟知的场景，在同一时间维度下和其他风景进行对比，这些风景的美感都是通过动词展现的。

当我们抓住了人物或动物的动作，也便抓住了故事的灵魂。动词的主观性、准确性、活泼性，直接决定了文章的节奏感和故事的冲击力。

方法：使用动词而不是形容词，使语句更富有“质感”，立体生动。

形象化——多用比喻，感同身受

当我们遇到抽象的词语或者概念时，可以采取多种手法，尤其是比喻，让画面更加可感、可知，更加具有代入感。

鲁迅笔下的杨二嫂是这样的：

却见一个凸颧骨，薄嘴唇，五十岁上下的女人站在我面前，两手搭在髀间，没有系裙，两脚张着，正像一个画图仪器里细脚伶仃的圆规。

村上春树笔下的喜欢是这样的：

“喜欢我喜欢到什么程度？”绿子问。“整个世界森林里的老虎全都融化成黄油。”

下面是公众号文章里常见的比喻句。

人情是开路的利剑，也是自缚的茧。

别人眼中视若珍宝的蜜糖，于你而言，可能是致命的毒药。

家是温馨的港湾，不是情绪的垃圾桶。

把杨二嫂比作圆规，把喜欢具象成“老虎化成黄油”，把人情比作利剑和茧……这些比喻都让读者具体且贴切地感受到了作者描述的人物或事物。

方法：

（1）从多种角度描写环境和事物，让读者更深入地了解和感受。例如，从视觉、听觉、嗅觉、触觉等方面来描述一个场景或人物的特征，让读者身临其境。

（2）使用具体的名词，少用抽象的形容词。多用物象来营造意境，增强读者的代入感和具象体验。

（3）运用好比喻、拟人等修辞手法，让画面更生动形象。

想象化——大胆想象，身临其境

这是余华的《许三观卖血记》一书中许三观用嘴给孩子“炒红烧肉”的片段。

“三乐想吃肉，”许三观说，“我就给三乐做一个红烧肉。肉，有肥有瘦，红烧肉的话，最好是肥瘦各一半，而且还要带上肉皮，我先把肉切成一片一片的，有手指那么粗，半个手掌那么大，我给三乐切三片……”

…………

许三观说：“你最多只能吃四片，你这么小一个人，五片肉会把你撑死的。我先把四片肉放到水里煮一会，煮熟就行，不能煮老了，煮熟后拿起来晾干，晾干以后放到油锅里一炸，再放上酱油，放上一点五香，放上一点黄酒，再放上水，就用文火慢慢地炖，炖上两个小时，水差不多炖干时，红烧肉就做成了……”

通过余华幽默诙谐的文笔，我们似乎能看到许三观炒肉的样子，感受到许三观对这个家庭的爱和对生活无穷无尽的希望。

在文章《当你老了，躺在医院床上，子女来或不来，都能窥见人性四种真相》中，有这样一段话。

两位老人的遭遇，让人心生悲凉。

试想一下，你操劳了大半辈子将子女抚养成人，可当你老了，躺在病床上，却遭到子女嫌弃，情何以堪？

我们写的故事不一定都是亲身经历，此时大胆想象，运用五感，也能营造意境。

方法：

（1）把抽象的词语转换成具体的场景，让画面更能被感知和代入。

（2）丰富情感，提升对生活的敏感度。善于观察身边的人、事、景、物，将情感融入描写中，打动读者，吸引读者。

总之，所谓“画面感”就是写作者通过文字呈现出一个画面来，运用各种写作手法营造意境，让读者如临其境、如见其人、如闻其声、感同身受。

30 秒造金句：为文章注入“爆款”基因

为什么要学会写金句？答案很简单：让人印象深刻，愿意传播。

无论是文章还是文案，只要有金句，就会让人印象深刻、过目不忘，甚至拍案叫绝。金句能瞬间让作品提高一个档次，增加传播率。

我们来看两个句子。

第1句：寻美，撑一根心篙，向人流深处漫溯、漫溯，去探索并宣告美的真谛。

第2句：你今天流的泪，都是昨天脑子里进的水。

哪句是金句？答案是第2句。

为什么？因为它简短有力，适合口口相传，能够引起共鸣。

由此可见，金句并不一定是文采斐然的句子，其本质在于观点深刻，戳中要害，引起共鸣，发人深省。金句通常短小精悍，适合口耳相传，因为它旨在击中读者内心，让他们感同身受，情绪发酵，认可并传播我们的文章。

那我们到底该如何写出金句呢？给大家分享7种写金句的方式。

关联词造句法

关联词造句，就是一种迁移思考，把固定句式套到不同句子中。

比如，拿“所谓……就是……”造句：

所谓孤独，就是有的人无话可说，有的话无人可说。

所谓深渊，下去，也是前程万里；所谓云端，跃下，便也深渊万里。

拿“不是……而是……”造句：

我们一路奋战，不是为了改变世界，而是为了不让世界改变我们。

我们可以从一些金句中分析出固定的句式，并且把它作为自己造金句的句式。这样我们就有源源不断的金句了。

经典金句模板 10 句

1. 哪有……，不过……

举例：哪有什么岁月静好，只不过是有人在替你负重前行。

2. 与其……，不如……

举例：与其临渊羡鱼，不如退而结网。

3. 越……越……

举例：年纪越大，越没有人会原谅你的穷。

4. 所有……，无非 / 都是……

举例：所有相处舒服的背后，都是不动声色的成全。

5. 没有……，只有……

举例：没有横空出世的运气，只有不为人知的努力。

6. 不是……，而是……

举例：生活的快乐，从来不是因为拥有得多，而是因为比较得少。

7. 未必……但……

举例：你未必出类拔萃，但一定与众不同。

8. 如果……那就……

举例：如果生活给了你一颗柠檬，那就把它榨成可口的柠檬汁。

9. 有多……就有多……

举例：你有多自律，就有多自由。

10. 只有……才……

举例：只有汗水到位，才能出类拔萃。

巧用修辞法

修辞手法在我们写金句时运用得非常多，下面我就和大家分析一下平时用得较多的几种修辞手法。

1. 排比

排比类金句是一种非常有效的表达方式，能够突出主题，加强语气，增加节奏感，提高阅读体验。它在新媒体文创作中应用广泛，能够为文章带来更好的效果和口碑。

例如：

孩子不是一天长大的，树叶不是一天变黄的，人心不是一天变冷的。

沉得住气，方能遇事不怒；管得住嘴，方能遇事不争；稳得住心，方能遇事不乱。

2. 比喻

比喻类金句可以使文章更加生动、有趣、丰富，增强表现力和说服力，更容易被读者记住。

例如：

生活就像一面镜子，你怎么对它，它就怎么对你。

闹僵后的和好，就像摔碎了的花瓶，无论你如何修补，裂缝始终都在。

3. 比拟

比拟是一种根据想象把物当作人写或把人当作物写，或把甲物当作乙物写的修辞手法。或增添特有的情味，或把事物写得神形毕现，栩栩如生。比拟可以分为拟人、拟物两类。

例如：

你若盛开，清风自来。

在一个面包丰盛的时代，最饥饿的，往往是精神。

4. 对仗

对仗是一种修辞手法，用来将两个或更多的语句或词语以一种对比、呼应或对称的方式组合在一起。运用对仗句可以让语言表达更加生动、形象、多样化，提升文本的艺术性和感染力。

例如：

别指望鸟在水中游，别指望鱼在天上飞。

我高估了我在你心里的位置，你看轻了你在我心里的分量。

5. 顶真

顶真就是在上句的结尾与下句的开头使用相同的字（音）或词，因此在声韵上更加朗朗上口。

例如：

贫者因书而富，富者因书而贵。

世界再大，大不过你我之间。

6. 回环

回环是让句子的主要元素颠倒、环绕，让音韵更流畅，语义更精辟。

例如：

不是现实支撑了你的梦想，而是梦想支撑了你的现实。

伟大的对手，成就对手的伟大。

修辞手法一共有63大类，包括比喻、白描、比拟（拟物、拟人）、避复、变用、层递、衬垫（衬跌）、衬托（反衬、陪衬）、倒文、倒装、叠音、叠字复叠、顶真（又名顶针、联珠）、对比、对偶（对仗、队仗、排偶）、翻新、反复、反问、反语、仿词、仿化、飞白、分承（并提、合叙、合说）、复迭错综、复合偏义、共用、合说、呼告、互体、互文、换算、回环、回文、降用、借代、设问、歧谬、排比、拈连、摹绘、列锦、连及、夸张、警策、示现、双关、重言、重叠、指代、用典、引用、移用、须真、谐音、歇后、象征、镶嵌、析字、委婉、婉曲、通感（移觉、移就）、跳脱、转文等。

写文章时大家可以采用多种修辞方法，这样会让文章更精彩。

搜词法

现代汽车的广告文案是“去征服，所有不服”，短短7个字，价值50万。

征服和不服这两词中都有一个“服”字，气势十足又富有深意，当我们搜索“服”字，将会得到一系列带“服”字的词语。如何去组合，这需要我们进行大量的练习，看文案类的书模仿，自己动手创作，找到语感。

比如：

知名自媒体人吕白曾受邀给高德地图的顺风车业务写一条广告语。

他首先思考，顺风车的本质是顺路，然后在脑海中快速搜索带“路”字的词语，最后想到了一个常用词“套路”。于是大腿一拍，写出一条让人拍案叫绝的广告语：世界上最好的套路，就是顺路。

搜词法其实就是先抓住一个核心词，然后根据该词进行搜索，找到两个合适的词造出句子，就可以得到一个既押韵又有内涵的金句了。需要注意的是，要多站在读者的角度揣摩金句，核心词要戳中读者内心。

拆字法

何为拆字法？拆字法就是根据汉字的字形结构特点把一个字拆成几个字，并解释其含义。

我们来看几组拆字法。

汉字中，“忙”字拆开是“心”“亡”。当一个人忙到没有一点自己的时间，心就死了。一个心死之人，如何能自由自在地享受生活？

林语堂说：“孤独两个字拆开，有孩童，有瓜果，有小犬，有蚊蝇，足以撑起一个盛夏傍晚的巷子口。”

“怒”字拆开就是“奴心”，人愤怒时，心就被奴役了。

汉字的文化源远流长又博大精深，每个字的组成都有丰富的内涵，我们去追溯一下本义，金句就这样应运而生了。这需要我们提升对汉字结构的敏感程度和熟悉程度，只要多细心观察，30 秒就能写出一个金句。生活中，我们需要做个有心人，遇到好的句子，就及时记录下来，久而久之，许多金句就能自然流出笔端了。

混搭法

混搭法就是改造原句，融入自己的创作，可以改关键词，也可以改前 / 后半句。

我曾经写过这样的金句。

妈妈三观正，哪怕物质贫瘠，孩子也能精神丰盈、气宇轩昂地行走在这大千世界上。在最无助和最迷茫的时候，她会托起你的下巴，扳直你的脊梁，净化你的灵魂，改写你的命运。

其实，这句话的原句是这样的：

婚姻的纽带，不仅仅是孩子、金钱，还有关于精神的共同成长。在最无助和软弱的时候，在最沮丧和落魄的时候，有他（她）托起你的下巴，扳直你的脊梁，命令你坚强，并陪伴你左右，共同承受命运。

很多金句都可以进行改写，运用到自己的写作中。这样我们就再也不愁没有金句素材了。

在生活中有很多金句，我们可以不断收集，也可以自创。等这些金句积累多了，我们就能随时随地调用它们，这对写作是非常有帮助的。

段子法

很多人以为金句一定是非常高深的句子，其实不然，接地气的生活段子往往最容易打动读者，因为它浅显易懂，令人捧腹。

例如：

网上看过一个感触颇深的段子：“职场上，你会沟通，加10分；会合作，加20分；会开拓资源，加50分；但如果你无法控制自己的情绪，不好意思，扣100分。”

听过这样一个诙谐的段子。有人问渠：“渠，你哪得清如许？”渠说：“你先管好你自己。”

看过一个段子：“不要大声责骂年轻人，他们会立刻辞职的，但是你可以往死里骂那些中年人，尤其是有车有房有娃的那些。”

韵母押韵法

其实音韵美对于文章也很重要，音韵美会让文章读起来朗朗上口，更有节奏感。

例如：

所有的人生开挂（guà），不过是厚积薄发（fā）。

努力很苦（kǔ），坚持很酷（kù）。

细节是魔鬼：身临其境，感受文字的呼吸

如果我们的文章是一块锦，细节就是锦上连续的脉络，一脉相承，让这块锦更有质感，而不是一团细碎的线头一样的细节，会让锦变得粗糙劣质。

在写素材之前，应该对素材中出现的人物和相关事件背景进行深入了解并收集资料，这将让素材更加真实、具体。此外，还要把握好场景和情感的细节。

场景是素材的背景，为读者营造出空间感。通过描述场景的细节，如气味、声音、视线、温度、触觉等，可以让读者感受到场景中的氛围、环境和情感。

情感是新媒体素材中的重要元素之一，通过描写情感细节，比如人物的表情、神态变化等，能够让读者更加真切地感受到人物情感的变化。

节奏感和氛围感对新媒体素材很重要。通过对故事情节起伏的掌握，不断切换节奏，从而营造出紧张、悬疑、感人等不同的氛围。

道清姓名地名，方显真实可信

给文章素材的人物取好名字，而不是用“我有一个朋友”开头。人物关系不要太复杂，一旦超过 3 个人物，读者很容易混淆。

除此以外，当我们把素材设置在现实生活中的地点时，反而会让文章获得意想不到的阅读量。因为越是真实具体的素材，越能够引发读者的共鸣。

比如我们的素材提到长沙的火宫殿、上海的武康路、山东的淄博，都会引起当地以及热爱这些城市的读者的好感。

对比一下下面两个写法。

写法 1：最近，有座城市火到自己都怕了。

写法 2：最近，山东淄博火到自己都怕了。

将地点具体化后，文章世界和现实世界就连接了起来，就能给读者带来亲切感。

方法： 把所有素材中的人名、地名交代清楚，不要用“某”代替，不清楚人名的，可取常见的网名代替。

填补语言细节，折射人物思想

一旦文章的素材拥有了细节，整个素材的真实感就立竿见影，整篇文章也会拥有直击人心的穿透力。

我曾经写过一篇文章《在这 3 个地方不占“便宜”的人，才是聪明人》，我给一则素材起的小标题是“不贪意外之财，做人靠谱”，下面是我的大纲。

曾看过一则新闻。

山东济南的唐邵龙带着患病儿子赶往医院，途中捡到了一个钱包，钱包内有 2 万元现金和数张银行卡。

面对这一大笔“天降”现金，唐邵龙却没有丝毫犹豫，第一时间找到了失主，如数归还。

在感动之余，失主拿出一沓钱给唐邵龙以表谢意，但是他坚决不收。

其实，当时的他正在为儿子高昂的手术费用焦头烂额。

无意得知唐邵龙一家的困境后，失主当即决定捐出仓库中 40 万斤的萝卜，募集善款为孩子治病。

这段感人至深的故事引发了全网关注，许多爱心人士纷纷加入到这场“接力”中，短短几天就为孩子筹集了 60 多万元的救命钱。（244 字）

下面来看下丰富细节后的素材：

山东济南的唐邵龙，儿子不幸患了重病，急需一大笔钱救命。

好巧不巧，在就医途中，他竟然意外捡到了一个钱包，里面装了满满2万元现金，还有数张银行卡。

面对这一大笔“天降横财”，唐邵龙却没有丝毫犹豫，第一时间找到了失主，将钱包物归原主。

失主十分感动，拿出一沓钱给唐邵龙以表谢意，但是他坚决不收。

事后，失主不由得感慨道：“我觉得这个人真厉害啊，给他钱硬不要，不拿白不拿嘛，反正以后各走各路，后来我知道他这么困难，我更高看他一眼。”

原来，在加了唐邵龙的微信后，失主才得知他为了给孩子治病早已倾家荡产，孩子的病目前危在旦夕。

失主大为震撼，于是毅然决然捐出自己仅有的40万斤萝卜，募集善款为孩子治病。

后来，他们的故事感动了无数网友，短短几天，网友就为孩子筹集了60多万元的救命钱。

面对意外之财，唐邵龙坦言：“当初捡到钱包时，不是没受到诱惑，但正因为自己经历了太多缺钱救命的辛酸无奈，我担心这笔钱可能也是别人的救命钱，所以必须把钱还给失主。”（409字）

如果没有失主和唐邵龙的发声，这个素材就显得有点假。这其实是我看了新闻后尝试扩充这个素材，发现缺少双方的发声，又去不同平台搜索后添加的。

意外之财对于很多人来说，都是一种诱惑，何况在那种亟需用钱的情况下，钱更是至关重要。失主的话其实就代表了读者的心声，唐邵龙本有机会拿钱，但是他偏偏没有，将心比心，不贪意外之财，所以得出结论：坚守底线的人格更加可贵。

方法：

（1）如果素材来自于新闻，不可虚构情节，要去抖音、西瓜视频等平台寻找更多相关细节，补充描写。

（2）如果素材是虚构的，多从侧面突出人物品质，比如：借其他故事主人公的语言去表现人物品质或者作者的心声。

刻画神态细节，丰富人物形象

曹雪芹笔下的林黛玉：

两弯似蹙非蹙罥烟眉，一双似泣非泣含露目，态生两靥之愁，娇袭一身之病，泪光点点，娇喘微微，闲静似娇花照水，行动如弱柳扶风，心较比干多一窍，病如西子胜三分。

我在文章《人这一生，只欠两人》当中，是这样写的：

而网友 72 岁的妈妈，在沙发上“葛优躺”，一边吃樱桃，一边看电视。

姥姥的动作虽然很慢，但是能够让女儿好好休息，脸上一直挂着知足的笑容；沙发上的妈妈呢，也安心享受着这份宠溺，像个孩子一般，无忧无虑。

方法：

（1）仔细观察人物神态的微妙变化，例如，“微笑”反映出内心的喜悦，而“张大嘴哈哈大笑”则表现出人物性格爽朗、非常开心的特点。只有细致观察各种神态的特点，才能在描写时表达出不同的意义。

（2）可以逐步深入地描述人物神态和表情的变化。在描述的过程中，不仅要注意前后的联系，还要突出前后的变化。

聚焦动作细节，场景跃然纸上

斯蒂芬·金在《写作这回事》中说：“句子的定义就是：一组由主语（名词）和谓语（动词）构成的结构；这一串单词的第一个字母要大写，结尾是句号，合在一起表达一个完整的意思，这意思出自作者的脑袋，而后跳进读者的大脑。……任何一个名词，跟任何一个动词放在一起就是一个句子。”

生动的文章需要有活力的画面，动词来助力，文章就会立刻活起来，元气满满。

朱自清的《背影》中写了父亲买橘子的片段。

我看见他戴着黑布小帽，穿着黑布大马褂，深青布棉袍，蹒跚地走到铁道边，慢慢探身下去，尚不大难。可是他穿过铁道，要爬上那边月台，就不容易了。他用两手攀着上面，两脚再向上缩；他肥胖的身子向左微倾，显出努力的样子。这时我看见他的背影，我的泪很快地流下来了。

这是我们耳熟能详的一篇文章，很多人都被文中的父爱打动。如果我们把这个片段改用一句话阐述——“朱自清的父亲非常爱他”，是不是就觉得索然无味？“非常”的程度不得而知，而且这个副词是主观的，我们无法感受到父亲有多爱儿子。

原文中通过“蹒跚、探身、攀、缩”等一系列动词，让年迈的父亲蹒跚着买橘子的画面感跃然于纸上，从而使我们感受到作者的心酸、感动的情绪，体会到父爱的深沉。

在文章《谢谢自己》中，有这样一段话。

最后，送一段我很喜欢的话与你共勉：

“被现实裹挟轮转，为一日三餐奔波忧烦。你咽下命运的为难，其实已足够勇敢。”

如果改为“我知道你很苦”，是不是画风立变，从令人感动变成苍白平淡？而有了“裹挟、奔波、咽下”这几个动词的刻画，生活的艰难淋漓尽致地展现出来，读者读后为之动容——原来有人理解我的苦，生活不易，我很勇敢。

方法： 做动词填空练习，即用恰当的动词补全动作过程；通过分解练习，把一个动作分解成多个动作，形成动作链；通过情景填空训练，学会补白动作过程。

比如：

我学着妈妈的样子包粽子，先拿两张绿色的粽叶，(　　) 冰激凌甜筒状，接着在“甜筒”中放入一小半糯米，再放一颗蜜枣，直到把整个“甜筒”(　　)。接着把上面多出的粽叶盖下来包住糯米，顺势 (　　) 一个立体的三角形。最后用一根棉线把粽子 (　　)，打上一个结。

A. 捆起　　B. 填满　　C. 裹成　　D. 卷成

写作者一定要有一种精品意识，写作是一门手艺，别低估了读者，他们充满智慧且火眼金睛，一眼就能识别文章质量的优劣。打磨细节的过程其实就是我们树立精品意识的过程。

谁不爱故事：打造读者的“鳄鱼脑”

真相，直接又冰冷，曾被村庄里的每个人拒之门外。她的直白吓到了人们。

当真相被寓言发现的时候，她又冷又饿，蜷缩在角落里。寓言可怜她，把她带回家。在家里，寓言用故事为真相装扮，给予真相温暖并再次送她出门。

身着故事的外衣，当真相再次敲响村民的家门时，受到了热情的欢迎，被迎进了村民家。村民们给她烤火并邀请她在他们的桌子边吃饭。

如果说真相是一枚苦涩的药丸，那么故事就是药丸外甜蜜的糖衣。故事可以让人们主动探讨、思考真相，而不是被动接受真相。

神经科学家研究发现，人类与动物最大的区别是人类有新大脑皮质的思维能力。而“鳄鱼脑”是最古老的大脑，因为鳄鱼的大脑基本只有脑干，所以鳄鱼处理信息的方式较为粗略和简化，更容易受到外部刺激。

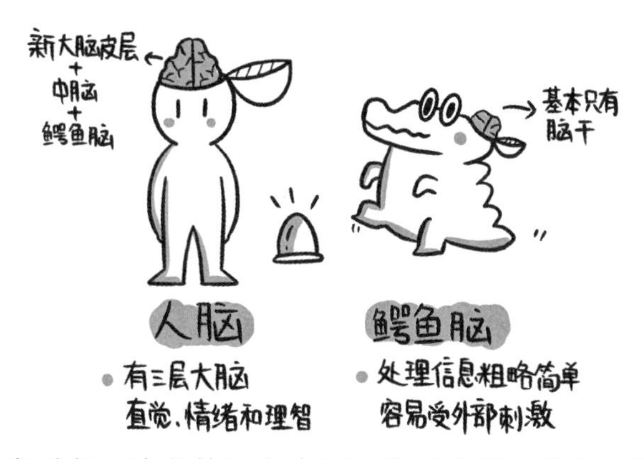

在数字时代，读者的注意力更加容易分散，他们逐渐养成了过滤信息和简单决策的习惯，寻求即时的回报和满足，具有一定的“鳄鱼脑”特征。

从这个角度出发，我们可以利用读者的鳄鱼脑写好新媒体故事：超过原本预期，产生意外的故事，才会产生吸引力，吸引读者继续看下去。

根据故事的整体框架和发展脉络，套用故事写作公式，就能写出精彩的故事。在新媒体写作中，可以总结出以下 3 个故事写作公式。

障碍 + 行动 + 转折 + 结果

通过“障碍 + 行动 + 转折 + 结果”的故事写作公式能够创作出关于解决障碍的故事，其中“转折”是重点，它突出了“意外性”，进一步证明了最后的结果。

这种故事写作公式的逻辑如下。

（1）障碍：在做某事的过程中遇到的麻烦。

（2）行动：为了解决问题，主人公采取应对措施。

（3）转折：意外发生，主人公面临意想不到的情况。

（4）结果：主人公从此事中得出结论或进行反思。

我在文章《反省自己，是一个变好的开始》一文中，写过这样的一个故事。

有一个年轻的农夫，划着小船，给另一个村子的村民运送自家的农产品。

他心急火燎地划着小船，只希望尽快送到，以便在天黑之前能回家。

突然，农夫发现，前面有一只小船顺流而下，箭一般向自己快速驶来。

眼看两只船就要撞上了，但那只船却丝毫没有避让的意思。（障碍）

“让开，快点让开！你这个白痴！”农夫大声地向对面吼叫：

“再不让开，你就要撞上我了！”（行动）

但农夫的吼叫完全没用，虽然他手忙脚乱地企图让开对方，但那只船还是重重地撞上了他的船。

农夫被激怒了，他厉声斥责对方：“你的眼瞎了吗？这么宽的河面，你竟然还能撞到我的船！”

可是对面毫无回应，农夫定睛一看，小船上竟然空无一人。（转折）

在多数情况下，当你责难、怨怼的时候，你的听众或许就像故事中的这只空船。（结果）

这个故事的重点在于意外，正是这意外和文章揭示的主旨合拍——我们的抱怨没有用，因为有时抱怨的对象并不存在。

结果 + 过去 + 原因 + 结论

“结果 + 过去 + 原因 + 结论”的故事写作公式属于倒叙法，通常适合写人物通过改变自我逆袭的故事。该公式重点突出“原因”。例如，一个人现在生活优渥，曾经却是贫困潦倒，他因为自我觉醒，找到了正确的道路，才变成了现在的样子。感悟是一个人只要改变自我，生活情况也会随之改变。

这类故事写作公式的逻辑如下。

（1）结果：主人公目前的现状，往往是正常或良好。

（2）过去：叙述过去的情况，通常是不太好的。

（3）原因：阐述从过去转变为目前状况的过程及原因，这是这类故事的叙述重点。

（4）结论：叙述悟出的一些道理或得到的某个结论。

我们也可以写结果落魄、过去辉煌的故事，关键在于突出“原因”，给读者带来启示。

以我在文章《不要拿别人的地图，找自己的路》中的一个故事为例。

网友“奋斗吧亮哥”的经历让人印象深刻。

亮哥是一名程序员，就职于一家中型科技企业，薪资待遇平平无奇。（结果）

前段时间，老同学喊他一起入股线上直播公司，他却立马回绝。

妻子一脸不解：“这么好的机会，为什么不试一试呢？”

他意味深长地回答：“别人的鞋子再好，不一定适合我的脚，我只适合敲代码。”

原来，刚毕业时，他因嫌弃敲代码赚钱太慢，曾辞职和朋友一起创业做棋牌类单击游戏。

因为缺乏资源和渠道，他们的游戏上线后一直推广不出去，很快就烧光了 30 万元启动资金，黯然散场。

后来，他又开了个火锅店，也投入了不少资金和人力。

谁知隔行如隔山，因为欠缺管理经验，火锅店的生意十分惨淡，员工相继辞职，最后他只好关闭了火锅店。

前前后后，亮哥折腾了三年，不但没赚到钱，反而耗尽了所有积蓄。（过去）

此时他才清醒地意识到：别人的风景再好，都不属于自己，他只须走好属于自己的那条路。

后来，他重新找了一份前端程序员的工作，因为能力出众，不到三年就晋升成了技术总监。（原因）

尺有所长，寸有所短，唯有看清自己，才能事半功倍。（结论）

这个故事的主人公不为诱惑所动，原因在于他曾经吃过亏，认识到应该做适合自己的事，从而突出原因，揭示道理。

目标＋障碍＋奋斗＋结果

“目标＋障碍＋奋斗＋结果”的故事写作公式比较适用于励志故事，主人公心怀梦想，却遭遇阻碍，通过努力克服困难从而收获成功。这个故事公式适用的故事类型与“结果＋过去＋原因＋结论”类似，都是情节由弱到强的类型。不同的是，在这个故事公式中，障碍和奋斗是重点，障碍越大，主人公越奋斗，故事的论证就越有力。

（1）目标：交代背景，主人公因为何种原因产生了某种目标。

（2）障碍：为了达成目标而面临的困境和难题。

（3）奋斗：为了抵达目标，主人公不懈奋斗，消除障碍。

（4）结果：通过奋斗，主人公达成了目标或者渐入佳境，一切都在变好。

我在文章《真正厉害的人，从不打乱自己的节奏》一文中写了这个故事。

东晋大书法家王献之，是“书圣”王羲之的儿子。

他自幼就活在父亲的光环下，急于在书法界闯出自己的名声。（目标）

到了十四五岁时，他的书法已经在同龄人中出类拔萃了，但是跟父亲比，依然相差甚远。（障碍）

各种杂念萦绕在心，他时而模仿父亲的风格，时而怀疑自己的功底，无法静心练字，于是，他苦恼地问父亲：“怎样才能把字写好？”

王羲之没有说话，带他来到后院，指着一溜排列的十八口大水缸说：

“你不需要想太多，只要用这些水磨墨写字，等你把这缸里的水都用完，字自然就练成了。”

于是，王献之听从父亲的教诲，不再每天想着如何超越父亲，而是老老实实遵从自己的习惯和特点，一笔一画，沉下心来钻研书法。（奋斗）

最后他取得了一番成绩，被誉为书坛的“亚圣”，成为“书圣”王羲之身后的第一人。（结果）

这个故事突出的是奋斗的过程，因为王献之不打乱自己的节奏，坚持做最好的自己，所以最后取得了一番成绩。

一个好故事，胜过一打大道理。掌握故事写作方法十分重要。当我们把故事拆解为公式时，故事就不再是一团乱麻，而是清清楚楚的几条线。现在让我们试着去写一个故事吧！

加法写作：加料不加负，舒读者眉目

史蒂芬·平克曾说写作就是将网状的思想，通过树状的句法，用线性文字展开。言外之意就是：当我们面对错综复杂的素材时，要理顺内中盘根错节的关系，就可以用树干—分枝—树叶这种有层次的结构，让看的人一目了然，而不是云里雾里。

看了大量素材，千头万绪，却不知从何切入、如何做取舍——这种困境，我相信是大多数人面临的共同难题。我也时时受此困扰，容易无效叠加信息，该说的没有说清，不该说的却重复啰嗦，无形中给读者带来了阅读负担。

本节介绍的“加法写作”就是专门解决这个问题的。

好文章的判断标准其中有一点就是信息量大。什么是信息量？一篇文章提供了多少知识，解释一个概念够不够全面，描述一个故事够不够详细等，都决定了文章的信息量。总的来说，信息量就是文章的“厚度”。

另外，信息量不足可能就意味着价值不够高，读者分享的动机就会弱很多，这势必影响文章的传播和价值最大化。

足够大的文章信息量对读者而言意味着更好的阅读体验、更高的阅读价值、更强的转发动力。要提高文章信息总量，我们可以从四个方面入手：补上不该省略的信息；详细交代已有的信息；增加论证维度；借用数据支持。

背景关系，清晰明确

如果我们讲了一个故事却不交代背景，提及了几个人物却不告知人物关系，透露了故事结局却不补充原因……这些都会让读者产生困惑。

比如我写过一篇文章《一个家幸福的关键：父母被理解，孩子被尊重》，其中第一部分的开头是这么写的。

《以家人之名》中，成绩张榜了，明月排在全班第三，脸却立马变黑了，因为这个成绩不能令她妈妈满意。

而一旁的李尖尖考了全班倒数第三，却开心到快要飞起来，她哈哈大笑道："你知道么，我之前一直稳居全班倒数第二啊！"

（点评）读到这里，大家顶多觉得李尖尖很有阿Q精神，盲目乐观罢了。

（补充）这样阳光开朗的她让人动容，根本看不出她是一个从小失去母亲的孩子。她没有孤僻敏感，只有元气满满。

事实上，这一切得益于尖尖有个尊重她的好老爸。

补充部分说明故事背景，李尖尖从小失去母亲庇护却能如此乐天，究其原因是爸爸懂得尊重她。

试想一下，如果我们省略了不该省略的地方，读者读的时候就会疑云重重，阅读流畅度不够，就容易失去耐心，甚至直接弃文。该交代清楚的信息，我们一定要补上，一是可以提高文章的信息量，二是可以使读者的阅读体验更好。

千万不要以为读者知道某个信息是理所当然的，每个读者的人生阅历和认知水平都不同，该交代清楚的信息，一个都不能少。

但凡生涩，务必解释

我们在文章中经常会用到一些学科的专业术语来佐证自己的观点，比如心理学或经济学的术语。如果直接抛出术语，单刀直入，就会弄巧成拙——本想让读者的理解往前一步，结果反而给读者添了堵。

我在文章《不要拿别人的地图，找自己的路》中，这样写道：

> 曾听过一个“德尼摩定律”，说的是每个人、每样东西都有一个它最适合的位置，在这个位置上，它才能发挥它最大的功效。

如果我不解释，专业术语就变成了阅读障碍，会非常影响读者阅读的流畅度，与其让读者困惑卡壳，不得不动手去查，不如清晰明了地解释术语，让读者的阅读体验丝滑到底。

《一直听说“不孝有三，无后为大”，原来是这个意思》一文中写道：

> “不孝有三，无后为大”出自《孟子·离娄上》，这后面还有一句：“舜不告而娶，为无后也”。
>
> 意思就是：舜不告诉爹妈自己就结婚了，是没有尽到作为后代的责任。

对于一些引用的名言名句，尤其是古文或者富含深刻哲理的句子，都需要补充其意思，帮助读者更好地理解文章。

单一观点，拓展维度

同样表达一个观点，我们能从五个维度去论证，而别人只能写出三个；同样一件事情，我们能从五个角度去解释，而别人只能提供三个角度，那我们的文章就赢了。

谁能提供更多有价值的维度，谁的文章信息量就更大。

比如，本书第 8 章的核心论点是写作可以带来好处。为了充分论证这个观点，让它印记在读者的脑海里，我找了 8 个维度来论证它。

（1）普通人逆袭的最佳武器；

（2）记录生命，让人生有迹可循。

（3）疗愈内心。

（4）倒逼成长。

（5）促进沟通。

（6）有效社交，找到同类。

（7）是一项保值、增值的技能。

（8）通过价值杠杆实现人生跃迁。

这样做的好处非常多，不仅增加了文章信息量，而且让读者易于理解，让内容更丰富、更精彩。

数据支撑，观点有力

在文章《长沙某 985 学霸寝室四人赚 20 万奖学金：把书读好，就是在赚钱》中，有不少调查数据及相关表格。

中国薪酬网曾公布《2021 中国高校毕业生薪酬指数排名 top 100》，数据显示：

大学排名越靠前，薪资也就越高。

华为的“天才少年”名单公布，每次都会引起大量关注。

“天才少年”工资按年度工资制度发放，共有三档，最高年薪达 201 万元。

亮出调查数据，能更有力地支撑文章观点。

减法写作：做三精作者，俘读者芳心

作家威廉·津瑟曾这样写道：

“很少有人意识到自己写得多么糟糕。没人向他们指出有多少过剩或含糊的词语溜进自己的写作风格中，以及它们如何阻碍了作者想说的话。假如你给我一篇八页的文章，我叫你删减到四页，你会叫喊说那做不到。然后你回家去做，结果会好得多。之后便是难的部分：删减到三页。”

写文章是先做加法，再做减法的过程。做加法是为了完善文章的来龙去脉，做减法是修剪枝丫，为了提高文章的价值密度。

什么是价值密度？就是在一篇文章中我们能提供多少价值。价值密度越高，读者获取价值的效率也就越高。

如何通过减法写作提高价值密度？可以运用“三精”法：一是精心布置，减少文章的重复或同质内容；二是精简，减去和文章主题无关的语句；三是精准，减少内容的模糊表达。

精心——给文章化化妆，眼前一亮

新媒体文要做到结构完整很简单，写一篇文章并不需要太多时间。但是，同一个选题会因为写作者的用心程度，产生截然不同的效果。

写作是一门手艺，我们需要有匠心，克服敷衍态度，杜绝粗制滥造，才能提高文章的价值密度。

如果每段都是一样的模式，文章会显得特别单调，这时我们如果花点心思给文章描描眉、涂点腮红，文章立刻就会光彩照人。

1. 多姿多彩，顾盼生辉

以我曾被人民日报转载的文章《反省自己，是一个人变好的开始》为例。

第 1 部分导入：我们儿时做过在墙上投影子的游戏，决定影子形状的是我们的手。

论证：贸易公司的杰克从抱怨公司变为反省自己后，生活变好。

第 2 部分导入：送货的农夫被一艘船挡住去路，气急败坏后发现是一艘空船。

论证：生活中这样的人大有人在，罗列婚姻不顺、求职失败等各种具体场景。

第 3 部分导入：把人生比作背包袱，一个装着自己的过失，另一个装着别人的过失。

论证：香皂推销员之前订单稀少，反省并调整业务模式后，业绩蒸蒸日上。

导入的形式可以多样化，可以是名言或者知乎问答、笑话段子等。总之，不要拘泥于一种，这样文章就不会太过苍白。论证部分可以是故事，也可以列举生活场景，辐射更多读者，故事的范围可以涉及古今中外、各行各业，这样文章显得丰富多样、逻辑严密，读者也会回味无穷。

2. 笔墨均匀，浓淡相宜

在电视剧《觉醒年代》中，有一段很有趣的辩论——胡适和黄侃之间关于白话文与文言文展开了一场辩论。

胡适出题：“前两天，教育部邀请我去做行政秘书，因为不愿意从政，我决定不去，用白话文以及文言文写一份拒绝电文，哪个更简洁、方便？”

黄侃的文言文电文用了12个字：才疏学浅，恐难胜任，不堪从命。

胡适则用5个字的白话文就讲得明明白白：干不了，谢谢。

初学者很容易陷入一个误区：尤其在意描述是否生动，词藻是否华丽，排比是否工整……殊不知，我们的写作目的是表达，而不是用文字表演。

对于文章，我们最基本的把控要素就是字数。需要注意的是，每一部分都要笔墨均匀，字数不能差距太大。一般而言，新媒体文的字数为2000～2500字，除去开头和结尾，中间分为3个部分，则每一部分有500～600字。

再细分，每一部分素材为400～500字，论述部分在100字左右。这样写文章只要按部就班就行。如果不注意，文章结构就容易头重脚轻。

方法：

（1）优化重复表达：删除相近的观点、同质化的案例，保持每段形式多样、风格多变。

（2）严格控制素材和论述部分的内容占比，素材为主，论述为辅。

（3）素材和论述都是为主题服务的，二者相辅相成，不可单独割裂。

精简——给文章减减肥，清爽紧致

所有多余、累赘的话都是额外的卡路里，让文章松垮浮肿。这样的文章清爽不足，油腻有余，读者不是被腻到就是心生嫌弃。所以，想要获得读者的青睐，一定要注意给文章剔除多余的“脂肪”，精简表达。

这是我在创作《〈三十而已〉：妈妈三观正，才是孩子一生的福气》时的初稿片段。

在幼儿园组织的一次活动中，顾佳儿子子言的同学楠楠突发癫痫，晕倒在地，面对突如起来的状况，孩子们纷纷被吓哭，在场的父母们也是手忙脚乱，惊恐万分。

事后，尽管楠楠爸爸解释这个病并没有传染性，可家委会主席木子妈不依不饶，执意要楠楠退学，她还在班级微信群里面发起投票，想让大家的压力迫使楠楠退学。其他家长都一边倒地支持木子妈。

顾佳回家马上安抚子言，告诉他楠楠就像是奥特曼，他的脑袋里有一根针，发病是因为有时候针会放电，但不会伤害子言。幽默有爱的解释让子言的惊恐不安瞬间烟消云散，她还模拟了场景，教儿子如何正确帮助楠楠。

然后，顾佳在群里掷地有声地表明了立场："这种歧视观念若在童年就植入孩子内心，比任何负面影响都消极。如果最终楠楠被强退，我们也不会把自己的孩子，交给有这种育人理念的幼儿园。"（340 字）

本段主要是叙述顾佳在儿子同学发病遭到其他家长施压退学时，坚持自己立场。我的修改思路如下。

（1）楠楠发病带来的恐慌简单带过，不必展开细述。

（2）楠楠爸爸如何解释以及木子妈如何发动投票都不是重点，简单交代事情走向即可。

（3）顾佳如何安慰子言更不是重点，不必详细交代。

以上 3 点都会干扰读者的注意力，好比读者本来要去爬山，路上太多花花草草让他眼花缭乱，结果忘了山在哪里了。这部分的重点应该在后面——子言这个贵族幼儿园的名额来之不易，可是顾佳宁肯放弃，由此证明她的三观确实很正。

修改后：

在幼儿园组织的一次活动中，顾佳儿子子言的同学楠楠突发癫痫，倒在地上抽搐，吓得在场的家长和孩子惊慌失措，心有余悸。

事后，尽管楠楠的爸爸拼命解释，家委会主席木子妈妈还是不依不饶，在班级群里鼓动大家投票，想施压让楠楠退学。

在其他家长纷纷支持木子妈妈时，顾佳却态度坚定地表明了自己的立场：

“这种歧视观念若在童年就植入孩子内心，比任何负面影响都消极。”

并且，她还表示如果楠楠被强退，她也会带着子言退学。

一番话不卑不亢、底气十足，与其他家长冷酷自私的态度相比，顾佳宽厚善良的品格真是令人心生敬佩！

要知道，子言的这个贵族幼儿园名额是她煞费苦心争取来的。

但是，为了从小给孩子树立正确的三观，她宁可牺牲之前付出的所有努力。

（302字）

所以，故事的情节拖沓很多时候是因为不分主次、详略不当，我们在写作时要记住精简表达的核心：与表达主题无关的语句一律删除。

方法：

（1）用一句话概括段落大意，检查时对照一下，删去所有无关的枝节。

（2）自己多读几遍文章或者发到群里让朋友们提建议。

（3）严格把控字数。比如每个小节故事字数是 400 字左右，不能超过 700 字，否则整体的结构会失衡。

精准——给文章捋捋舌，舍大取小

如奥威尔所说，在能用小词的地方绝不使用大词，虽然大词可以包含更多的内容，但小词更具体，比如“拍”“敲”“捶”可以具体区分动作与姿势。

准确地运用词语是写作基本功之一，一篇好文章的每一个词和句子都应该恰到好处地表达内容，避免读者误解。

词语运用能力是衡量写作水平的重要指标。因此，写作者要注重词语表达的准确性和恰当性，创作出富有表现力和感染力的优秀文章。

比如，要表达高兴时，我们可以用的词有：欣喜、愉悦、激动、开心。

但在不同的情境下，用法是不同的：中午吃了一道美味的菜，我们是“欣喜”的；我们通过努力奋斗获得比赛冠军，内心是无比“激动”的。

汉语中有非常丰富的同义词或近义词，我们在写文章或说话时，就要进行辨析，注意选择，掌握好它们之间的细微差别，准确、恰当地运用词语，使文章表达更贴切、更严密。

以鲁迅《孔乙己》中的一段描写为例。

孔乙己一到店，所有喝酒的人便都看着他笑，有的叫道，“孔乙己，你脸上又添上新伤疤了！”他不回答，对柜里说，“温两碗酒，要一碟茴香豆。”便排出九文大钱。

我温了酒，端出去，放在门槛上。他从破衣袋里摸出四文大钱，放在我手里，见他满手是泥，原来他便用这手走来的。

这是孔乙己在气派时和落魄时来酒馆喝酒的情形的对比，“拿出”属于大词，“排出、摸出”则属于小词，“排出”既暴露了他拮据而穷酸的本相，又体现了他面对他人嘲笑时的自傲，表明他的尊严不可轻侮。“摸出”则揭示了他已经贫困到极点的境地，生动地描绘了他的悲惨状态。

方法：

（1）进行“词汇爆破练习”，即为一个词找出至少5个同义词或近义词。同时准备词典和成语词典，不清楚时动手查不同词语的区别。

（2）养成推敲词语的习惯，修改文章时仔细琢磨词语表达是否精准。

（3）写一句话去表达一种情感，但句中不能出现自己想表达的那个词语。比如开心、难过等。

（4）准备一本摘抄本，复盘自己每次写得精准的词语，摘抄优秀作者精妙的用词。

写作造诣高超的人，往往是高明的词汇匠师。他们能用巧妙的字句，精准地捕捉自己的思想，并将其真实、透彻地呈现出来，不会让人误解。很多名家都特别善于使用“小词”，我们可以多借鉴模仿他们的作品。

从头到尾精简每一句话，应该成为修改文章的准则。要耐心、仔细地逐句阅读和修改文章，才能提升文章的档次。降低文章的价值密度通常表现为内容与主题无关，表达啰嗦重复。因此，打造一篇高价值密度的文章需要先减大再减小，关注主题，删去无关内容，简化重复表达，并从头到尾进行精细修改，让文章更加流畅和简洁。

第 5 章伴手礼

1. 复盘糖果

（1）让文章具有氛围感，可以从这些方面去努力：文字动态化、形象化、想象化。

（2）创作金句有 7 大妙招：关联词造句法、巧用修辞法、搜词法、拆字法、混搭法、段子法、韵母押韵法。

（3）丰富文章的细节，我们需要注意以下 4 个方面：道清姓名地名、填补语言细节、刻画神态细节、聚焦动作细节。

（4）故事的写作有 3 个即学即用的公式：障碍 + 行动 + 转折 + 结果、结果 + 过去 + 原因 + 结论、目标 + 障碍 + 奋斗 + 结果。

（5）加法写作可以从 4 个方面入手：背景关系要清晰明朗，但凡生涩的地方务必解释，观点单一就拓展维度，数据支撑会让观点更加有力。

（6）减法写作要做到三精——精心、精简、精准：精心即每段形式多样不单一，精简即与文章无关的内容一律删除，精准即舍大词、用小词，准确地表达，带给读者舒服的阅读体验。

2. 解惑锦囊

Q： 故事写作有没有更简单的万能公式？

A： 许荣哲提出的“七步故事公式”：目标→阻碍→努力→结果→意外→转折→结局。

Q：有没有提高写作逻辑能力的方法?

A：将自己的观点和立场以更好的方式传达给受众，使文章有清晰的逻辑关系，可以从以下 3 个方面努力。

（1）理清内部关系

根据内容的逻辑，合理安排各个板块的次序和组织顺序，以呈现一个连贯有序的文章结构。比如，在文章的开头、中间和结尾，应该反映事物发展的阶段性；而问题的提出、分析和解决应该反映事物的变化规律。只有剖析事物的内部关系，文章的逻辑性才能得以展现。

（2）善用连接词

连接词在增强文章的逻辑性上扮演着重要的角色，它们是我们日常生活中最常使用的词语之一。在文章中，连接词起到承上启下，将各个段落或句子连接起来的作用。例如，“因为、所以、虽然、但是、然而、可是、既然、即使、如果、只要、于是、因此”等。这些连接词看似不起眼，但它们能够使文章更有条理、更连贯。

（3）注意呈现方式

除了使用连接词之外，一些语句本身也具有连接的作用，扮演过渡句的角色。在运用时需要注意表达是否自然和简练。过渡要恰到好处，不能突然出现转折，同时也要避免重复，不要一直使用同一个连接词，否则会让人感到乏味。

通过关注这些要点，我们可以提高文章的逻辑性和连贯性，使内容清晰明了，读者不至于感到困惑。

Q：怎么修改自己的文章？有可以参照的要点么？

A：关于修改文章，我们可以从以下五个方面去自查。

（1）主题明确

在修改文章时，我们首先要确保自己清楚文章的主题是什么，自己希望通过这篇文章向读者传达什么观点或给读者带来什么价值。仔细审查标题，然后通读全文，确保文章的核心观点围绕主题展开。

（2）结构清晰

主题需要由观点来支撑，而观点又需要由相应的素材来支持。与主题无关的观点应予以删除或修改。为了保持结构清晰，我们可以使用小标题来概括每个部分的核心观点。

（3）素材贴切

在修改时，需要仔细思考文章中使用的素材或案例是否合适，能否有效地说明文章的核心观点。我们要问自己："这个案例与文章的核心观点相关吗？它是否具有典型性？这个素材是否具有说服力？"如果答案是否定的，就应果断删除或修改。

（4）细节修改

需要关注标题、开头和结尾是否具有吸引力。开头和结尾的写作方法可以参考第四章。

（5）文辞修改

需要检查段落安排是否合理，以及是否存在错别字。新媒体文章的段落不宜过长，一段话应尽量控制在 50 字以内。如果整篇文章只有三四个段落，每段都有两三百字，读者的阅读体验就会很糟糕。因此，可以将过长的段落分割成几个小段落。还需要检查文章的语言表达。在修改时，我们可以逐句阅读，甚至可以大声朗读。通过朗读，我们能够发现不通顺、啰嗦或用词不准确的地方，并在阅读过程中进行相应的修改。

3. 小试牛刀

（1）摘抄一段自己喜欢的文字，运用本章所学的方法简单赏析这段文字好在哪里。

（2）写完一篇文章后先自查两个问题：

①我创作了哪些金句？是否能够打动自己？

②我提供了哪些新的信息量？分别是从哪些渠道获取的？以后要怎么做才能复制这个模式？

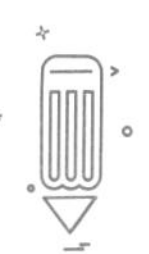

第6章 精准转化 1年顶3年

要想精准转化，我们首先需要找准自己的定位。通过观察市场趋势和自身优势资源，结合受众需求，制定自己的定位策略。通过深入了解读者，为他们定制有针对性的内容，增加互动率和转化率，从而实现营销价值的最大化。

无论是公众号还是小红书、知识星球等，新媒体的定位和转化需要整体考虑，选取不同的方式和手段，在不断的尝试和改善中，持续提升用户体验和转化水平。

精准转化：1年顶3年

1 认知突围：转化必备的5大能力

- 定位能力
- 持续且优质的输入能力
- 数据分析能力
- 运营能力
- 蹭热点能力

2 轻松转化：5分钟搞懂公众号转化

- 锁定目标公众号
- 熟悉投稿要求
- 投稿小锦囊
- 开通自己的公众号

3 转化有法：写作转化的4大进阶玩法

- 知乎
- 小红书
- 今日头条
- 百家号

4 升级有道：写作转化的4种高阶途径

- 知识星球
- 开设自己的写作课程
- 写作一对一咨询
- 写作社群
- 5大魔法成交术

认知突围：转化必备的 5 大能力

在网络时代，每个人都可以成为网红或新媒体创作者。只要有一部手机，就能轻松创业。

尤其在新媒体领域，要想做自己喜欢的事业，需要具备 5 大能力。

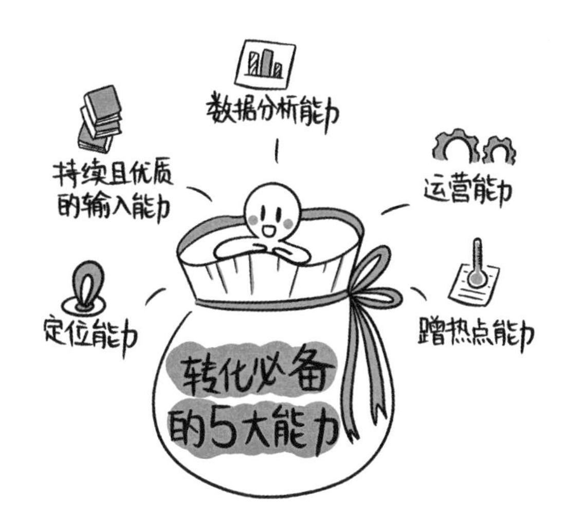

定位能力

每个人都有自己擅长的地方，盲目跟风只会让自己屡屡受挫。想要转化，先要定位。我们可以根据自己的专业、热爱、榜样来定位。

1. 借助专业定位

专业可以是我们从事多年并熟练掌握的职业技能，也可以是我们本来就擅长的某项技能。例如，有些律师业务精湛，通过新媒体视频向大众普及法律知识，并为个人和企业提供法律咨询服务，在短时间内就聚集了大量粉丝和客户。

类似的，如果我们是英语老师、舞蹈家或开办瑜伽馆的人，借助新媒体展示自己的专业与才能，就可以快速进入新媒体领域并实现转化。

2. 借助热爱定位

将自己的兴趣转化为新媒体事业，不仅能够提高自己的知名度和技能水平，还能够对更多人发挥影响。比如，有些博主本身是医学专业，但由于热爱跑步和阅读，开办了读写训练营，发展自己的爱好，同时帮助更多人成长，并获得了事业成功。

3. 借助榜样定位

我们还可以模仿自己想要靠近的榜样。观察对方做什么内容，思考他的定位和方法，深入分析对方的成长和成功之路，一步步摸索和沉淀，逐渐成长为我们理想中的自己。

持续且优质的输入能力

拥有持续的输入能力是非常重要的。如果只是一味地输出，时间长了总会遇到写不下去的瓶颈。阅读有助于构建自己的知识体系，提高自己对信息的敏感度，让自己在写作时更加得心应手。

阅读相关行业的书籍、浏览相关网络讯息并接触更多领域的知识，都能引导我们从不同角度看待同一问题。我们需要在新媒体领域里积极学习、吸收知识并结识各种小伙伴。同时，我们也需要在经典文化的土壤中汲取养分，通过寻找自己的方向、打磨自己的文字，慢慢前行。

数据分析能力

许多平台会提供账号数据分析功能，能够呈现多项关键指标，比如推荐量、阅读量、点赞量、粉丝画像等，反映出账号在平台上的表现和潜在问题。

除了“大”数据分析能力，“小”数据思维同样非常重要。通过对细节、变量的关注和分析，我们可以更好地掌握和运用核心信息，提高文章的质量，并更好地达到目的。比如，关注文章的标题这个关键变量，通过改变标题来观察变化，即使在选题质量、发布时间和媒体平台等其他因素都不变的情况下，也能发现一些重要的指标变化。

运营能力

比如我们要做直播，直播前的准备和宣传、直播中的节奏把控，以及直播后的粉丝维护和售后服务等都要考虑好。成功与否常常在于我们对细节的把握和把控。

运营越是细致入微，粉丝们对我们的专业性和能量的感受就会越强烈。即使我们目前缺乏强大的运营能力，通过较长时间的新媒体实践，我们也能够大大提升自己的运营能力。总而言之，运营的关键在于抓住每个环节中的细节，专注于提升我们的实践经验和专业水平，从而取得更好的效果。

蹭热点能力

蹭热点能力与“网感”有关。我们需要具有新闻敏锐性，才能准确地把握信息的热点和焦点并借势营销。可以利用本行业、娱乐、民生等领域热点，顺势而为，结合我们的主题去创作内容，这些选题的传播数据会比普通选题要好很多。

没有观众或追随者的时候，我们需要持续地输出价值，提高能力，精进自我，培养恒心和志向。只有坚守初心，我们才能在未来的高光时刻收获硕果。

只要坚持下来，一个月或一年后，我们就能够在起点相同的人中脱颖而出。

做新媒体，我们无论成功与否，都不会有任何损失。在这个过程中，就算暂时不能转化，我们也一定会看到不同的世界。既然如此，为什么不把握机会马上开始做新媒体呢？

轻松转化：5 分钟搞懂公众号转化

新媒体写作转化的方式有很多，公众号转化是最容易上手的一种方式。尽管许多人说公众号的红利期已过，但公众号仍然是一个值得我们重视的平台，原因有以下三点。

（1）门槛低、转化快：公众号的技能门槛不高，而且转化速度也非常快。

（2）适合打造个人品牌：公众号可以成为打造个人品牌的重要平台，名人、专家和普通人的特长都可以得到放大。

（3）私域流量集结地：公众号是私域流量的集结地，通过它可以快速跟进新媒体流量转化的趋势，同时也可以保持和受众的直接沟通。

总之，公众号对于个人品牌的长期发展和价值提升有着极其重要的意义。

公众号转化有两种，对外就是投稿，对内则是自己开通账号，多维度转化。本节将告诉大家如何精准发力，让公众号转化变得像呼吸一样简单。

锁定目标公众号

目前新媒体百家争鸣，公众号如乱花迷人眼，每朵花的风格还千姿百态，这让不少写作者失去了方向。如何快速锁定自己的目标？可以从这两个方面去解决。

1. 从新榜着手

新榜的官网中有历史、情感、职场等不同的分类，每个分类下有不同的公众号，我们可以根据自己的喜好去点击排名靠前的公众号，看看这些公众号的后台是否有投稿的渠道。

然后从微信进入该公众号，点击底部的菜单栏，会看到《商务合作》《投稿》等栏目。我们还可以在后台输入“投稿”“征稿”等文字，后台也会弹出相关要求，我们就可以了解自己的文章是否和平台匹配。如果匹配，最好关注该公众号并设为星标，作为自己日后投稿的目标平台。

2. 关注投稿类公众号

关键词有“投稿”或“征稿”的公众号里有许多宝贵的投稿资源，只要我们多留意，总会找到投稿目标。比如：投稿征文驿站、文学投稿小助手、投稿小秘书、约稿投稿平台、下班后写作投稿等。

熟悉投稿要求

不同的公众号往往有不同的投稿要求，在格式、文风、字数等方面都有要求，很多时候我们的稿子石沉大海，不是因为我们写得不好，只是我们投错了平台。比如“十点读书”需要温暖治愈的文章，字数在2500字左右，如果我们文章的风格偏犀利，字数又超过3000字，大概率会被拒稿。

1. 切忌一稿多投和抄袭洗稿

原创度是公众号的生命线，倘若我们一稿多投被选中，在发布时文章就标注不了原创。而洗稿的话会遭到原作者的投诉，这些都会给平台带来巨大的损失。一旦我们踩了这两条红线，我们的稿子以后将很难被各平台征用。

2. 不打无准备之仗

凡事预则立，不预则废。在投稿之前起码看 5 ～ 10 篇目标公众号近期发布的文章，了解文章的风格，是温暖治愈还是犀利扎心？是逻辑严密还是搞怪鬼马？还有，要弄清公众号的读者画像——年龄、关注心态、需求，我们也可以向在目标平台上发稿的同行请教，这些都能让我们快速了解目标公众号。

3. 关注回复时间

一般而言，公众号会在投稿的 3 天或者 7 天后回复，如果后台有编辑的微信，可以添加并询问；如果是投邮箱，超过 7 天无回复一般就是拒稿，这时可以另投。

投稿小锦囊

踏出写稿的第一步，我们就已经成功了一大半，而要投中也是需要技巧的。

1. 扛打击：优先投大平台，小平台做备选

有些作者对自己没有信心，就投稿小平台，一不小心文章爆火了，被各大平台争相转载，于是后悔不迭：“早知道我就投某大号了，稿费能多一个 0！”所以我们可以优先选择大平台，如果被拒

稿，再往其他平台投稿。前提是要心态过硬，如果受不了被拒稿的打击，很容易中途放弃。

2. 戒急躁：量变才能产生质变

曾经有一个作者在小平台上过稿，拿了50元稿费，他非常渴望下篇稿子拿400元稿费。但是他过于心急，写了好几篇了，还停留在小平台，最后心一灰，就放弃写作了。他不知道的是，大平台8倍的稿费对应的是8倍的要求，这需要大量的刻意练习，更需要一定的时间积累，唯有深耕，才能看见花开。

把该做的都做到位了，稿费和流量才会有，而且还会超出预期。

3. 不放弃：移花接木，变废稿为宝

只要投稿，难免被拒。被拒的稿子不要一键删除，素材、金句和观点都可以储备在对应的文件夹里，等以后写作时随时调兵遣将。如果能不断积累废稿，一旦有热点新闻爆出，他人还在措手不及时，我们就可以把过去废稿中合适的裁剪出来，快速变出一篇新的文章。

开通自己的公众号

针对新手的前期转化路径，可以按照以下方法进行。

（1）注册公众号并完成初步配置，只需要身份证和邮箱就可以免费注册。

（2）开通赞赏功能，这能够在文章中直接为读者提供一种支持写作者的方式。

（3）开通流量主，以此来获得更多的广告收益。

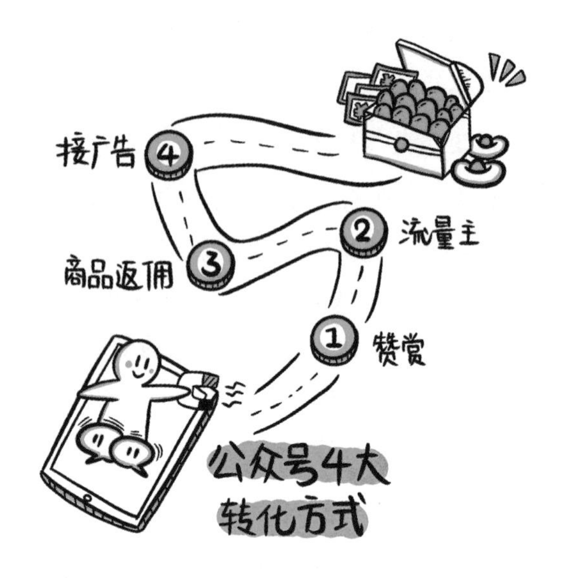

1. 赞赏

开通赞赏功能的条件比较简单，只需要发布 3 篇原创文章即可。收入来源为读者和家人朋友的赞赏。但这种方式的受益仅仅是短期的，且赞赏的收益并不是非常稳定。如下图所示。

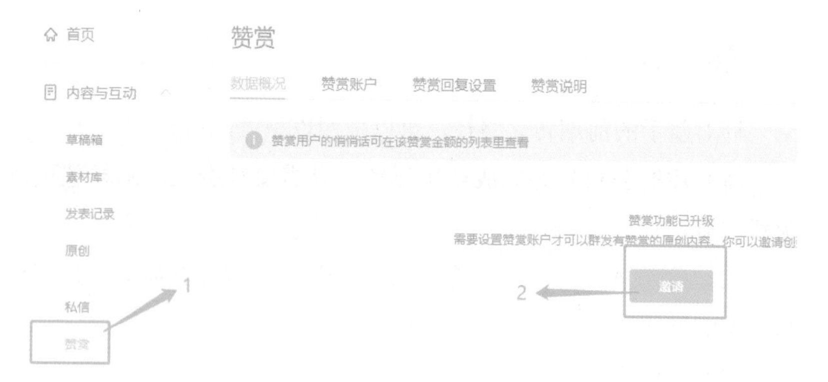

2. 流量主

开通流量主需要积累500个粉丝，可以在文章中或结尾处插入广告，收益与曝光量、点击量相关，曝光量千次收益为5～100元不等，点击收益为0.1～30元/次。对于流量大的公众号，流量主的收益比赞赏更为稳定，这是其优势。但对于粉丝较少的新号、小号，流量主的收益相对较低。如下图所示。

流量主

概览 广告数据 返佣商品 广告管理 财务管理 账户设置 公告消息

账户收入

累计收入（元）
954.15

程序化广告收入（元） 954.15
互选合作收入（元） 0.00
返佣商品收入（元） 0.00

流量主的收益主要来源于文章广告，主要分为两种类型：文末广告和文章内部广告。

文末广告出现在文章底部，文章成功发表之后，就会自动附带广告。

文章内部广告有三种选项：智能插入、手动插入和不插入文中广告。

智能插入是由平台后台随机选择广告内容和位置。手动插入则是由我们自行选择广告的内容和位置。如果不想在文章内容中展示广告，就可以选择不插入广告。如下图所示。

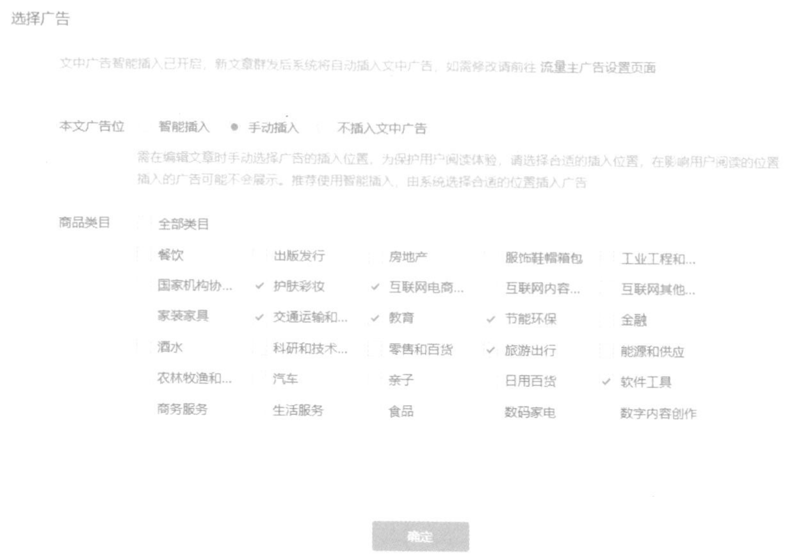

选择广告

文中广告智能插入已开启，新文章群发后系统将自动插入文中广告，如需修改请前往 流量主广告设置页面

本文广告位　智能插入　手动插入　不插入文中广告

需在编辑文章时手动选择广告的插入位置，为保护用户阅读体验，请选择合适的插入位置，在影响用户阅读的位置插入的广告可能不会展示。推荐使用智能插入，由系统选择合适的位置插入广告

商品类目　全部类目

餐饮　出版发行　房地产　服饰鞋帽箱包　工业工程和...
国家机构协...　护肤彩妆　互联网电商...　互联网内容...　互联网其他...
家装家具　交通运输和...　教育　节能环保　金融
酒水　科研和技术...　零售和百货　旅游出行　能源和供应
农林牧渔和...　汽车　亲子　日用百货　软件工具
商务服务　生活服务　食品　数码家电　数字内容创作

确定

3. 商品返佣

开通返佣功能需要粉丝数达到 500 人，可以在公众号文章中插入返佣商品，粉丝购买商品，公众号可以获取一定的返佣。这种方式的收益也相对有限，但是可以增强读者对公众号的关注度。

公众号中的商品推广具有以下特点：可以控制广告内容、插入位置和收益；可以同时介绍多个商品；文章结合度高，可以提升用户体验感。

收入按照实际购买金额和商品佣金比例来结算，可以实现合理的收益。

如下图所示，开通该功能后，在编辑图文消息时，可以选择“商品”按钮进入商品选择页，插入需要推广的商品，并对推广的商品以及链接进行优化。

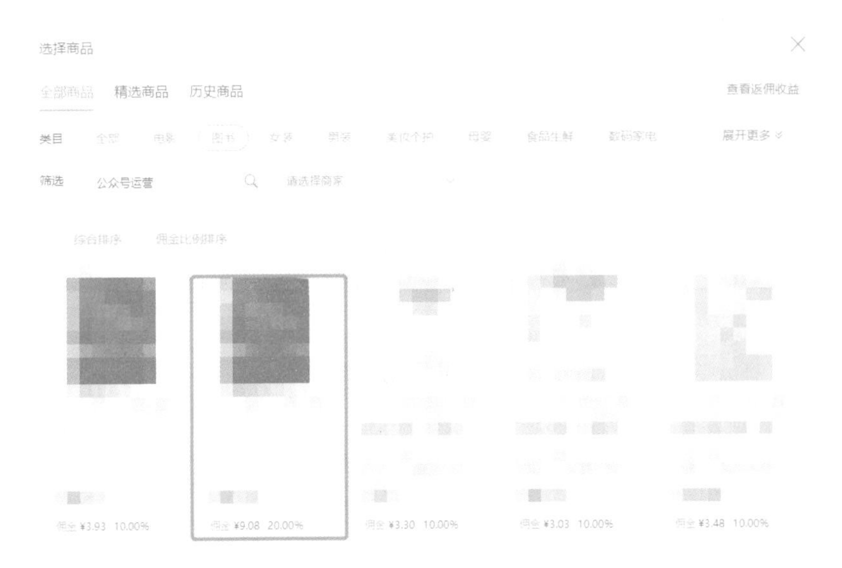

4. 接广告

运营公众号的大部分人都希望能够实现经济上的独立。当公众号的阅读量达到稳定的一两百时，就会有广告主找我们投放软文广告，一般公众号头条的报价是 0.2 ～ 1 元 / 阅读量，即文章阅读量为 100，广告主就会给 20 ～ 100 元。随着阅读量和粉丝粘性的提高，广告价格也会跟着上涨。

可以在公众号设置商务合作菜单栏，并在上面放置联系方式，吸引中介或直客广告主的注意。此外，绑定公众号到西瓜数据可以让广告主更容易找到我们。广告主可以在西瓜数据上进行搜索，找到符合标准的公众号并进行投放。

接广告的前提是需要有稳定的输出能力和较高的阅读量，可以在知名自媒体平台录入自己的账号以便商家找到我们，一条广告的报价常常能达到上千元甚至上万元。但是接广告需要花费更多时间甄选和匹配广告商，而且需要维护广告商和读者的关系，不利于公众号长期发展，需要把握好经营的节奏和方向。

公众号转化的方法还有很多种，比如公众号付费阅读、电商卖货、付费课程等，每种方式都有其适用的场景和优劣势，需要根据自身情况进行选择和权衡。

转化有法：写作转化的 4 大进阶玩法

写作转化不仅局限于公众号，还有多种进阶玩法，包括在知乎上回答问题、开办付费课程、接广告等。除此之外，还可以在小红书种草各种好物，分享各种接地气的成长路径，也可以尝试今日头条的微头条、写网文小说等。

知乎

知乎上的转化方式不同于其他社交媒体平台，主要通过知识价值的传递来实现转化。知乎的长尾效应非常明显，哪怕是几年前写的内容，只要足够优质，依然能翻红、涨粉。下面列举几种常见的知乎转化方式。

1. 写文章 / 专栏

知乎允许用户开通专栏并写作，通过知识价值的传递来实现转化。值得一提的是，知乎专栏的文章的质量、订阅量、曝光率非常重要，因此需要多花时间精心打磨自己的文章和专栏，并加入更多有价值的内容。知乎上很多成功的专栏作者靠着自己的知识储备和专业经验成功实现转化，最典型的案例是王垠的《计算机程序的构造和解释》专栏（专栏订阅量超过 100 万）和大梦的《心理学 • 梦境》专栏。

2. 推荐 / 销售产品

在知乎上推荐、销售自己信任的产品是常见的转化方式。有一些知名公司和品牌选择在知乎上寻找自媒体合作，通过转化率较高的社交媒体来提高产品的曝光率。例如，去哪儿网在知乎上推荐旅游攻略时促销旅游产品，取得良好的反响。

3. 广告

在知乎上发起广告活动是另一种转化方式，尤其是在知乎上受欢迎的话题和领域更容易被广告主关注。根据知乎的通行规则，用户可以将品牌插入答案中或成为广告合作伙伴，与品牌主合作以在旺季时期获得更大的流量和宣传效果。例如万科在知乎上发起的“感知房产”广告策划活动。

4. 付费咨询 / 课程

在知乎上开办付费咨询或教育课程是另一种转化方式，需要建立自己的专业领域并具有一定的知名度和粉丝基础。一些知名学者或领域专家就在知乎上开设了具有大量知识和卓越影响力的知识付费课程以及在线学院，成功实现转化。

5. 知乎 Live

知乎 Live 是一种在线直播服务，用户可以通过开设线上直播课程、分享自己的知识技能等方式赚取收入。对于新手来说，可以利用自己的专业知识、技能等进行直播，向用户传递价值，建立自己的专业品牌，从而赚取收入。

总之，利用知乎转化的方式比较多元，可以通过自己的专业技能和知识价值，实现经济价值的转化，获得经济收益和精神认同。知乎是一个有益于知识传播和个人价值实现的平台。对于新手来说，最好的转化方式是通过知乎 Live 来展示自己的专业知识和技能，建立自己的专业品牌；对于老手来说，则可以通过知乎付费内容和广告来获取更多的收入。

小红书

小红书是一个以美妆、时尚、生活为主题的社交电商平台，它的底层逻辑主要是通过输出优质内容获得用户点赞、收藏、分享，从而提高笔记的用户活跃度，增加粉丝数量和笔记曝光率。粉丝数量上升之后，账户的权重也会提高，进而吸引更多商业合作和推广机会。

1. 发布内容

我们只有在垂直领域发布笔记，官方平台才能精准推给相应的用户。一般来说，中午 11 点到 12 点半、傍晚 5 点到晚上 9 点这两个时间段是发布笔记的黄金时段，用户关注度高。

标题和摘要是笔记的关键内容，它们应该具有启发性，鲜明且容易被理解。为了让笔记获得更大的曝光率，我们要特别注意封面图的选择，可以选择无版权的图片或自己拍摄的图片。同时，为了更好地展示，尽量避免采用不起眼的短图，建议选择长图封面，这样能更大程度地占据小红书的页面版面，吸引更多读者关注。

在小红书上，可以从自己擅长的领域、感兴趣的内容入手，分享自己的经验，为别人提供价值。如果没有特别擅长或感兴趣的领域，可以分享自己正在做的事情，成为成长型博主，为跟自己一样刚刚起步的人提供方向和动力。

以简单的方式，为读者提供具有启发性的内容，让读者获得实际收益和视野的拓宽。更重要的是，这些笔记均来自普通人，是每个人都可以学习和借鉴的。比如《从168斤到98斤，分享4个高效减肥法》《二胎妈妈在小县城靠写作月入过万，我是如何做到的》《从专科到英国读研，我的人生彻底改变了》。

2. 写推荐

当我们在小红书上有了一定的粉丝之后，我们可以写一些有关产品的推荐笔记，向我们的粉丝介绍优质的商品或服务，并帮助他们做出更好的购物决策。在笔记中加入专属链接，可以获得佣金。

3. 参与活动

小红书经常会举办一些活动，比如抽奖、发放优惠券等。通过参与活动，可以获得积分或礼品，并为自己的账户增加曝光度和用户流量。

4. 社交电商

补充信息完备后，小红书用户可以开通电商功能，销售自己的产品或者推销他人的产品。用户可以根据自己的精力及业务范围选择具体的商品类型，或者选择合适的线上渠道开设电商页面。例如，一位名为"一元团长"的网红在小红书平台上售卖一元商品的独门绝技，成功吸引了大批年轻粉丝，获得了高额收益，并在小红书平台上积攒了大量口碑和阅读量。

5. 直播带货

小红书的直播带货功能并不仅限于网红达人使用，普通用户也可以发挥自己的特长在直播中推荐一些自己喜欢的产品，吸引消费者关注。直播时需要保证良好的产品质量和呈现效果，定向选取适应自己个性和口味的商品类型，并准确分析出消费者的购物兴趣，有针对地进行商品展示和行销。

想要增加流量，可以从下面五步着手。

（1）更新频率要勤快，每周 3 到 4 次比较好，可以获得更多官方推荐。

（2）在笔记中加入“# 关键词”，将热门关键词放在前面，可根据关键词的浏览量高低排序。

（3）可以复制爆款笔记，变换内容，推出相关选题，吸引更多读者关注。

（4）适当结合关注度高的热点，可以吸引更多读者，提高内容的曝光率。

（5）到小红书上找同行账号，关注该账号的粉丝并私信发联系方式，回关率大概为 20% ～ 40%，这些回关我们的人大多是我们需要的精准读者。

今日头条

今日头条是一款以信息流为主的新闻客户端，也是一个内容分享平台。头条号是今日头条为用户提供的一个新媒体平台，通过加入头条号，可以获得更多的曝光和流量，并为自己的品牌和产品带来更多的关注和销量。

在今日头条上可以通过发布优质原创文章来获得收益。写作者需要注意文章要求，如文章题目、排版、字数等，最好按照现有的规范和读者的喜好进行创作。这种转化模式适合以热门话题、关键时事为主题的文章，或者是针对特定领域或行业进行深度分析的稿件。

1. 头条喜好：爱故事不爱说教

头条号平台偏爱故事类内容，而不喜欢过于说教式的文章。为了在头条号平台取得成功，写作者需要注重故事性内容的撰写，这也是头条的整体风格和调性。

例如，我们要分享在淄博吃烧烤的经历，不仅仅需要写出淄博之旅的收获和心得，更要展现跌宕起伏的情节。在结尾处可以分享自己的感悟和观点，为文章添上最后的干货。

头条号文章的标题需要注意两点：一是长度，一般应控制在25～30个字；二是多出现人名，以利于平台算法抓取关键词。比如作者灵笙的文章标题《祭拜父亲雍正时，乾隆被绊了一跤，守陵官员：赶紧铲了田文镜的墓》。

同时，为了让标题更加引人瞩目，在设计时可以采用反常情节吸引读者的注意力。通过这些技巧，可以有效提高文章的阅读量和点击率，并在平台上获得更多的展现量。

2. 优质头条号的4个特点

一个优质的头条号通常会有以下特点：内容质量高，让读者感到有价值；从标题到内容创作都能吸引目标读者的兴趣；与目标读者的沟通互动获得的响应度高；拥有活跃的关注度和传阅量等。

头条号和微头条的收益机制不同，前者无需粉丝也可获得收益，微头条需要100粉才能开通。很多人求互粉而遭到平台处罚，因为这是公域平台，互粉行为会破坏生态秩序，而私域平台则允许此类引流行为存在。

3. 优化头条号收益，关注四个量

在优化头条号文章收益时，需要关注四个指标：展现量、阅读量、完读率和平均阅读时长。

展现量表示文章被推荐的次数；阅读量表示文章被点开阅读的

次数；完读率表示读完文章的读者占比；而平均阅读时长则影响文章的千次阅读单价。如下图所示。

流量与收益

展现量 660.8万
阅读量 807,427
创作收益(元) 648.54
粉丝展现量 31,012
粉丝阅读量 6,037
点击率 12.21% 超76%同类作品
平均阅读时长 2分35秒

对于前三者，需要优化标题、前言以及文字内容，吸引读者阅读并提高完读率。对于平均阅读时长，需要设计简明易懂的排版，使读者更方便快捷地阅读文章。优化这些指标可以提高文章的收益，因为两篇文章的千次阅读收益就可能有几倍的差别。

对于刚刚入门的写作者，最重要的是关注点击率和展现量。点击率反映了我们选取标题的能力，而展现量则反映了平台对我们的文章的内容和质量的评价程度。通过关注这两个指标，可以快速提高文章的阅读量和点击率，初步积累自己的粉丝基础。

4. 微头条

微头条的功能类似于发布微博，可用于分享各种话题或领域的相关内容。由于今日头条的算法特性，微头条有着广泛的推荐和传播范围，对账号的领域限制较少。此外，微头条也是一个很好的涨粉利器，其带来的关注者甚至能超越一篇高质量的文章带来的关注者。以下是几个涨粉小技巧。

（1）微头条的内容应该轻松易懂，与热门话题保持同步；

（2）内容可以有一定争议性，引起读者讨论；

（3）在微头条结束处，使用引导语吸引读者关注我们的账号。

5. 转化方式

今日头条有哪些方法可以转化呢？

（1）广告分成

将广告插入文章内，在读者阅读我们的内容时获得相应的广告收入。广告收入与文章的阅读量有密切关系，因此我们要关注平台文章风格及爆款文章的关键点，从而提高文章质量。

（2）图文卖货

图文卖货类似于知乎的好物推荐功能，我们可以在文章中插入购物链接。开通商品卡功能需要我们有1万以上的粉丝数。开通商品卡后，读者通过我们在文章或微头条中提供的购物链接购买商品，我们就可以获得相应的佣金。

（3）付费专栏

付费专栏可以发布图文或视频内容，并自行设定价格。读者若要查看付费专栏内容，则需要付费。开通付费专栏还需满足以下条件：账号必须获得图文或视频原创标签；账户注册后没有违规。

百家号

百家号是一个基于百度搜索引擎的自媒体平台，用户可以通过它发布自己的原创内容，同时获取流量、收益和读者关注。

新手首先需要在百度上注册自己的账号，然后开通百家号。开通百家号之后，可以发布自己的文章和内容，并对自己的品牌和产品进行宣传和曝光。要注意文章质量和可读性，确保内容能够吸引读者的兴趣。

通过发布优质内容，我们可以为自己的账户带来更多的读者关注和流量。在百家号平台上，阅读分成是一种获得收益的方式。通过提高文章的阅读量和质量，可以获得更多的收益。以下是可以利用百家号进行转化的 4 种方式。

1. 参加征文活动

百家号平台有多种途径可以赚钱，其中之一是参加征文活动。登陆账号后，在首页《热门活动》栏目发布以特定话题为主题的文章、动态或横版短视频，就可以获得百家号平台活动或商家的稿费。此外，也有一些个人作者对外征稿，稿酬为 100 ～ 500 元，征稿类型多样。

2. 发布图文

在百家号上发布图文可以获取平台底部的广告收益、软文广告、赞赏、商品分销、付费专栏等多种收益。文章单价高达 5 ～ 30 元 / 万阅读量。合适的发布领域有文化、情感、教育、娱乐、游戏等。注意，百家号不允许创作者发表医学、财经、时事政治内容，也要提前申请开通个人权益，上传个人资质。

3. 发布横版视频

在百家号发布横版视频需要提交 3 条原创优质视频，而且视频须与选择的垂直类目保持一致，这样通过审核的概率会更高。目前这一渠道也提供广告、赞赏、付费专栏、商家合作广告等多种收益方式。推荐领域有同城、美食、旅游、搞笑、“三农”、游戏等。

视频可以使用剪映和美颜相机拍摄和剪辑。在上传剪辑好的视频时，要删除剪映的宣传水印，否则可能无法通过审核。此外，百家号对内容有严格审核，只有自己拍摄的原创视频才能带上原创标签。如果审核低质或者被举报，视频就可能会被下架。

在百家号发布 15 秒以上的竖版小视频可以获得商品卡、小程序、专栏作品售卖分成等收益。推荐领域有专栏书籍、生活用品、个护美妆等。需要注意的是，只有 15 秒以上的竖版小视频才可以带有商品卡和付费专栏等功能。

总之，通过百家号转化需要考虑的因素还是挺多的，需要从自己写作的技巧和水平、目标读者和关注度、品牌和广告的类别等多个方面加强整体定制和构想，才能获得更有价值和持久的收获和盈利。

除了以上提到的几个平台，还有许多其他平台也可以实现写作转化。在选择平台的时候，需要根据自己的专业领域、兴趣爱好和能力选择适合自己的平台。

在运营平台的过程中，需要注意以下几点。

（1）确定自己的定位。在选择平台的时候，需要确定自己的定位和目标用户群体，制定适合自己的内容策略。

（2）保持高质量的内容。在平台上发布内容时，需要保证内容的质量和趣味性，吸引更多的读者和粉丝。

（3）了解平台规则。不同的平台有不同的规则，需要了解平台的规则和政策，以避免违反规定而被平台处罚。

（4）多渠道转化。除了在平台上转化外，也可以通过其他渠道进行转化，例如在自己的网站或博客上销售自己的作品，或者在其他平台上发布自己的内容。

（5）持续更新和优化。需要持续更新和优化自己的内容和产品，与时俱进，吸引更多的读者和粉丝。

总之，要想在写作领域实现转化，就需要不断地学习和尝试，保持专注和耐心，同时选择适合自己的平台，并坚持不懈地进行运营和优化。

升级有道：写作转化的 4 种高阶途径

如果你已经有了一定的积累，还可以通过知识星球、开设自己的课程、一对一咨询和付费社群进行写作转化。这 4 种写作高阶途径可以在升级时多多尝试，在不断优化的基础上，你可以集中发力聚焦于一个爆款产品。

在开发爆款产品前，不要过早考虑产品体系建设，以免影响用户满意度。首个推出的产品应快速进入市场而非一味追求完美主义。可通过小范围测试获取用户反馈，优化产品方向，提升品牌价值和用户粘性。持续优化是打造更好的产品和体验的秘诀。

知识星球

平时人们在朋友圈中除了分享美景美食，也会不时地分享自己的专业见解或心得体会。如果你能将这些碎碎念整理到一个地方，不仅可以更好地梳理自己的知识体系，还能吸引一批愿意为此付费的用户。这时，知识星球就是一个非常不错的选择。通过分享和传授自己的经验和知识，你可以赚取收入。

通过以下步骤可以利用知识星球赚钱。

（1）确定你的专业领域。选择一个你擅长的领域或者自己的兴趣点，确保你能够提供有价值的知识和内容。

（2）确定你的受众群体。了解你的受众群体，包括他们的需求和兴趣点，以便你能够提供针对性的内容。

（3）提供有价值的内容。提供有深度和实用性的内容，可以是文字、图片、音频、视频等形式。

（4）确定定价。确定合理的价格，不要过高或过低。

（5）推广营销。通过社交媒体等渠道宣传自己的知识星球，吸引更多的用户加入，并不断更新内容，保证用户的参与度。

总之，知识星球是一个很好的转化方式，但是要想在上面赚到钱，就需要付出一定的努力和时间。只有提供有价值的内容，了解用户需求，定价合理，做好推广营销，才能赢得用户的信任和支持，从而获得收入。

开设自己的写作课程

如果你在写作方面有了一定的积累，就可以尝试开发自己的课程。

你首先需要确定你的写作课程的重点和目标。例如帮助学员改善写作技巧、重塑写作认知、提高他们的写作速度和质量、培养他们的创意思维等。

然后制订课程计划，安排你的课程的时间和进度，包括每节的主题和内容。

荔枝微课、千聊、小鹅通都是不错的录课软件，可以在课上与学员一起分享你的写作经验，并分享相关书籍、文章或其他资源。这将有助于学员更深入地学习写作技巧和知识。

你还需要确定你的课程的学费，不要见钱就收，一定要筛选自己的学员。

对于价值观不相符的学员，早点筛选是好事。比如，你是佛系老师，看重的是长期主义，但学员是急性子，想要立竿见影的效果，你们之间就容易出现摩擦。事先双向沟通，能避免许多不必要的麻烦。

你可以通过微信或者公众号、写作社群等渠道宣传你的课程。课程的设置要注意梯度，给初学者或高阶写作者提供不同的价值、不同难度或不同体裁的写作作业。

目前市面上的写作课程很多，要想保持自己的差异性和竞争性，你应该定期检查并更新你的课程，以确保它与当前的写作趋势和需求保持同步。课后，你可以与学员进行沟通，认真倾听他们的反馈，并随时更新你的课程。

总之，开设自己的写作课程需要足够的计划、实践和资源来确保它是一个有吸引力、体验好和成功的课程。通过与学员互动来不断改进你的课程，可以提升学员的写作技巧并帮助他们实现自己的写作目标。

写作一对一咨询

如果想要通过写作一对一咨询来帮助其他人提高他们的写作技能，你应该先确定你想要提供咨询的领域，然后根据自身时间和经验，确定写作一对一咨询的价格和时间。

每一个客户都有不同的需求、能力和风格，在咨询之前，可以先让客户填写基本信息和问卷调查，最大程度地了解对方的需求。

你可以选择在线视频会议、电话、面对面咨询等方式进行一对一咨询。在线视频会议和电话是最常见的方法之一。在线视频会议的好处是使咨询者能够更轻松地参与谈话，无须考虑行程、交通和环境问题。

不过，面对面的咨询可以带来更密切的关系和更深刻的学习体验。在考虑这个问题时，也需要考虑到到彼此的交通及住宿成本。

注意，一定要记得让对方写反馈，要让其他潜在客户知道你的服务，以便宣传你的服务。你可以利用社交媒体、搜索引擎、论坛和其他在线平台来宣传你的写作一对一咨询，向潜在的客户传达信息，并与他们建立联系。

总之，进行写作一对一咨询项目需要你有足够的写作经验和技能，并能够仔细地分析客户的需求和不足，为他们提供正确的建议和反馈。通过定制的咨询项目和个性化的计划，客户能够快速改进自己的写作技能，避免错误和不必要的细节，更快地实现自己的写作目标。

写作社群

如果你能持续输出一些有价值的、对别人有帮助的文章，就会有人找你进行付费咨询，这时你就可以组建写作社群。这种转化方式来自于信任，也来自于个人经验的积累。

写作社群指的是一些写作者之间进行交流、分享、学习的社群。你可以通过组建写作社群，让群员相互帮助、提高写作技能和增加收益。以下是写作社群可以考虑的转化方式以及需要注意的问题。

可以通过内部赞赏和打赏的方式来激励写作者的创作热情，并为写作者带来收益。写作社群可以通过社交媒体或自己的网站获得外界的赞赏和打赏，为社群内的写作者带来更多的收益。

如果社群内的写作者的作品质量较高，可以考虑联合出版，以获得更多的收益。与此同时，可以邀请专业写作者来举办写作讲座，为社群内的写作者提供培训和指导，并为社群带来更多的客户流量和收益。

在通过写作社群进行转化的过程中，需要注意以下问题。

要建立健全的社群管理机制，保证社群的运营和管理安全合规，同时确保社群内秩序稳定。要遵守相关的法律法规和规章制度，同时遵守平台的规则，以避免违规行为带来的风险和损失。

总之，写作社群的转化需要结合实际情况进行综合考虑，同时要注意保障写作者的权益和社群的健康发展。除此之外还有出书，这部分内容将在第 7 章详细叙述，本章不再赘述。

5 大魔法成交术

无论我们是做哪种写作转化，有转化就会有成交障碍，让客户乐意支付费用的最有效的方法是在客户产生疑虑之前就消除这些疑虑。只要我们掌握成交的本质，就能轻松搞定大部分客户。

1. 对号入座法

当潜在客户对自己定位不清晰时，你可以展示自己的成功学员案例，让客户有对标的模板去选择最合适的产品；也可以讲成功学员的故事，看是不是客户所向往的。比如，“你看看写作带给她如此大的生活改变，你想和她一样吗”？

2. 跟风成交法

列举客户的身边人都已付费的实例，比如：“你认识的那些小伙伴全部报名了，你不来么？”

3. 价值锚定法

把知识付费产品拆解成日常用品，比如："这个写作课费用平摊下来，每天不到一杯奶茶钱。"这样，客户就会瞬间感觉便宜多了。

4. 安全保障法

安全保障法可以最大限度地降低客户的顾虑，比如："但凡入群7天不满意者，可以全额退款，还会送一份小礼物。"

5. 格局成交法

格局成交法适合爱学习、能量较高的客户，很多人来学习其实是混圈子，结交更多同频之人。比如："进这个知识星球（付费社群）会交到很多新朋友，进来就是赚到。"

第 6 章伴手礼

1. 复盘糖果

（1）转化需要以下 5 种能力：定位能力、持续且优质的输入能力、数据分析能力、运营能力、蹭热点能力。

（2）5 分钟搞懂公众号转化：锁定目标公众号，熟悉投稿要求，优先投大平台，保持心态平和，合理利用废稿可以变废为宝。公众号的转化方式主要有赞赏、流量主、商品返佣、接广告等。

（3）写作转化有 4 大进阶玩法，分别是知乎、小红书、今日头条、百家号转化。

（4）写作转化的 4 种高阶途径是知识星球、开设自己的写作课程、写作一对一咨询、写作社群。在转化时可以应用 5 大魔法成交术。

2. 解惑锦囊

Q： 怎么设置课程的价格？

A： 谈到定价，选择适合的平台是最重要的一点。因为平台直接影响着你的产品定价。如果选择了一个知识付费产品价格较低的平台，那么你很难在上面设定高价，因为大家对该平台的认知往往停留在低价上。如果不想让自己的产品被低估，就要找一个更适合你产品定价的平台。选定平台后，还可以采用以下几种定价模式。

分阶段定价：根据不同目标人群和教学难度，设置低、中、高不同价格，以满足不同客户的需求。

规模定价：根据采购规模大小设定门槛，并提供量价优惠。例如常见的拼团价格或同时购买多门课程的折扣价格。

时效定价：为了促使客户快速下单，可以在促销期间提供不同折扣。例如早鸟票、专场福利或限时折扣等。

专场福利：推出多种福利措施，提升客户的转化力。例如生日福利（生日当天产品半价）等。此外，还要注意适度提价，不要盲目提价。

以上方法可以帮助你制定更合理的定价策略，确保产品定价与市场需求相匹配。重要的是根据产品特点和目标受众选择合适的定价模式，并确保定价与平台选择相协调，以获得更好的销售效果。

Q：目前已有自己的产品，怎么源源不断地获得知识付费收入呢?

A： 扩大价格范围，创造消费空间。不论是影响力产品还是现金流产品，都可以根据不同客户的需求，在产品中设置低价、中价和高价三个价格区间。

延长客户消费周期。如果你的产品能够满足客户的当前需求，同时客户在未来 1 ～ 2 年甚至 3 ～ 5 年仍然有相应的购买需求，就可以延长客户对你产品的忠诚度，从而延长客户的消费周期。

比如一些教育机构提供大学生课程，同时也提供大学毕业后进入职场所需的技能课程，这就是延长客户消费周期的典型例子。

或许有人会问，如果我无法一下子开发出多个产品怎么办？如何提高有限产品的单价?

答案是增加产品的品类。

比如，你可以与身边擅长其他领域且有盈利产品的人合作，将相应产品进行组合销售。

另外，提高产品的使用频率也是一种方式。

举例来说，有些课程（如心理学课程）的单次学习效果可能不够显著，需要后续咨询跟踪和辅导服务才能实现预期效果。这样，后续服务就提高了该产品的使用频率和单价。

当然，并非所有产品都适合用这种方法。像考研课程、PPT 技能课程等，很难提高产品的使用频率，此时可以考虑增加产品规格。

Q：如何利用多平台发布，提高自己文章的影响力？

A： 主要的新媒体平台有公众号、微博、头条号、百家号、大鱼号、豆瓣、知乎、搜狐自媒体、一点资讯等。

对于有时间和精力的人来说，可以在这些平台上注册账号，并将文章发布到所有平台。有些平台支持自动同步发布，例如搜狐自媒体和大鱼号。然而，对于一些重要的平台，手动发布仍然是推荐的选择，因为自动同步可能会影响推荐量。例如，一些平台不允许在文章中插入二维码，而公众号上的文章通常在文末放置二维码。在这种情况下，选择自动同步发布会导致公众号文章不符合其他平台的要求。

建议对于重点平台选择手动发布，对于次要平台选择自动同步。例如，对公众号、头条号和百家号选择手动发布，而对企鹅自媒体、搜狐自媒体和网易自媒体等选择自动同步文章。

在发布文章时，要注意发布的顺序。一般来说，首先在头条号上发布文章。因为头条号采用算法推荐，如果文章曾经发布过，算法会将其视为重复内容，推荐量会下降。对于大部分自媒体从业者来说，公众号是非常重要的平台之一，因此公众号是第二个发布的平台。对于原创文章，一定要标明原创标识，以防止被他人抄袭。

Q： 需要和读者互动吗?

A： 在新媒体时代，与读者的互动也非常重要。在各个平台发布文章后，要及时回复读者的留言。及时回复公众号读者的留言可以提高读者的粘性，而在头条号及时回复读者的留言可以提高文章的热度。通过与读者互动，可以更好地了解读者的喜好和关注的话题，为未来的选题提供思路。此外，在互动过程中还可以发现文章的问题，例如错别字，并及时进行修改。

3. 小试牛刀

（1）分析 1 个喜欢的且投稿难度较低的公众号的调性，归纳近一个月的选题，尝试投稿。

（2）分析 5 篇相似主题的小红书笔记，自己模仿写一篇。

第7章 引爆IP

搭建私域流量池，赋能写作

公域和私域有何区别和关系？刘润用巧妙的比喻瞬间说清了：“如果用水打比方，公域的流量就像自来水。付费用水，价高者得。而私域的流量就像井水。打井很贵，但用水免费。自来水便宜的时候，你会觉得打井干嘛。但随着用水的人越来越多，水价越来越贵，一些人开始认真地思考：这些钱，都够我打口井了。”

在 IP 时代，我们唯有打通公域与私域，才能最大限度地赋能写作，实现人生的多种跃迁可能。

引爆IP：搭建私域流量池，赋能写作

- 巧借公域东风，留下联系暗号
- 在社群做分享
- 九宫格互推，资源互换
- 持续输出，聚沙成塔

1 精准引流：私域流量的红利，怎么抓

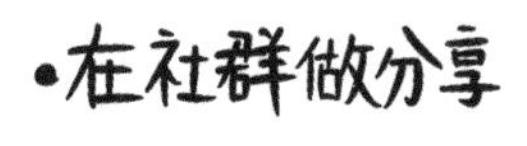

- 主动破冰，链接新好友
- 朋友圈多互动
- 优化朋友圈
- 给好友加标签并分组
- 从0到1，搭建社群

2 如何增强私域流量的粘性

- 为什么我们需要个人品牌？
- 个人优势分析，3个问题选准定位
- 学会包装自己，打造独一无二的品牌
- 撰写个人品牌故事
- 选择创作方向和平台
- 借力打力
- 打造里程碑事件
- 创建专属百科名片

3 让写作把IP扶起来，打造个人品牌

私域流量的红利，怎么抓

抖音、小红书这样的社交软件都属于公域，而朋友圈、公众号、社群这些属于私域。公域是流量，私域是资产，最好的模式是公域引流，私域转化，公私域打通，才能实现财富和认知双向迭代。离开公域的私域，如同一口枯井；而拥有公域的私域，就如同拥有一条生机无限的护城河。

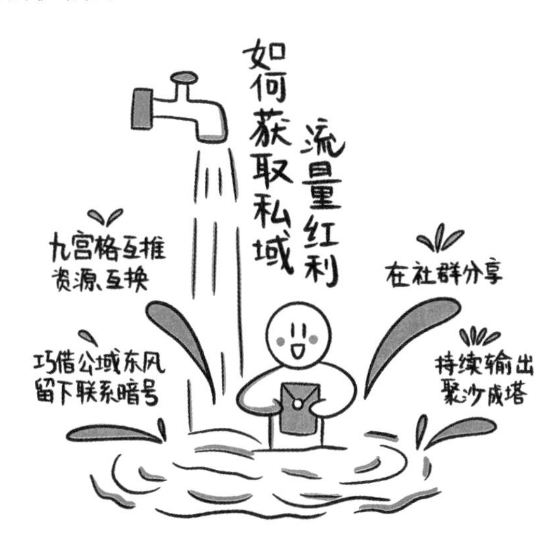

巧借公域东风，留下联系暗号

许多公域平台欢迎创作者创作优质内容，而不是带走流量。一旦你直接说出微信号，平台将会限流或者降低权重。比如：小红书平台不能留微信号，但你可以留邮箱；在做直播时也不能暴露微信号，但你可以写在纸上让用户看，感兴趣的用户自然会搜索。注意：微信用“VX、威信”等暗号来替代。

在各平台发表文章时文末千万不要忘了留下你的微信号或者公

众号。比如：新浪微博、美篇以及你发布作品的公众号。美篇在全网有上亿的用户，只要你的内容足够优质，就可以获得曝光率，从而将许多用户引入私域。

记得我刚刚在“十点读书”发布文章时，在文章末尾留了我的公众号。出版社编辑和一些公众号的主编都是通过我留下的公众号加上我的微信，从而向我约稿。

如果你有自己的公众号，可在公众号后台提前设置好菜单“加我好友”，只要有用户关注，后台会自动弹出个人微信号或二维码。还可以提示对方回复相应关键词，就可以获得对应福利，比如“成长类干货合集”“领取一节文案音频课”等等。

除此以外，你还可以通过书籍引流到私域。比如肖逸群在《超级个体》一书中放了个人微信、公众号的二维码，读者一扫就能加上。他每隔几章对应放了不同的二维码，供读者获取相关资源。可以说，只要你用心，引流无处不在。

加上好友只是第一步，一定要记得给新加的好友“送礼物”。很多人都有贪便宜的心理，加上你有什么好处呢？你可以给出相关福利，比如免费赠送价值几百元的投稿渠道，或加入免费社群、得到一次免费咨询、赠送 50 本电子书等。

如果这些都没有，也可以让好友围观你的高能朋友圈。你可以在朋友圈分享好书、哲理金句、美图、吃喝玩乐的攻略等。总之，加上你收获的彩蛋越多，客户就越有粘性。

即使你的产品不是很成熟，也别着急。让这些流量慢慢沉淀，在朋友圈持续分享，总有一天客户会买你的课程或者和你产生链接。

个人品牌专家伍越歌曾说：“打造个人品牌不是为了获得亲朋好友的夸赞，而是吸引远方的目光。”你会发现，你的大部分客户都来自弱关系，而不是强关系。

所谓的弱关系就是跟你认识但不熟悉的人，强关系就是你的亲朋好友等熟人。

熟人因为跟你太熟，没法对你提供的服务产生新鲜感，不容易产生付费行为，甚至会觉得你免费提供帮助是理所应当的。

九宫格互推，资源互换

“六度人脉理论”是指地球上所有的人都可以通过六层以内的关系和任何其他人联系起来，即所谓的六次握手规律。也就是说，最多通过六个人，你就能够认识任何一个陌生人。

朋友圈互推是一种非常精准又十分双赢的引流方式，因为同频者相吸，客户对自己信赖的人推荐的好友容易产生信任。

互推时一般采用九宫格，要编辑好介绍文案，文案一定要突出自己的亮点，配上 9 张清晰美观的照片，并备注添加好友后的福利。互推的时间可以是午饭时间、晚上 8 点左右，这时候大家饭后休息刷手机的频率相较其他时间会高点。

也许你会担心自己实力不够，前期不好意思要别人推荐你，那就先做无限利他的事情，这些善意都会回流到你这里。有人出新书，你在朋友圈推广，有人需要拉票，你适时助力，相信在你需要帮助的时候，对方也会助你一臂之力。

比如，我会在朋友圈推荐我的作家好友，附上对方的照片和二维码，宣传他们的作品。每次我会说明给此条朋友圈点赞的第 6、16、26 位好友有红包，每次设置的点赞位数不一样。当我给对方发去红包了，彼此就有了沟通。这其实是盘活朋友圈的一种很好的方式。

在社群做分享

当你在自己的专业领域有所沉淀，可以去不同的社群做分享。

相比较价格，你更应该重视价值。即使是免费的分享，也在为后期积累势能，无数潜在客户会被吸引而来。

具体有如下步骤。

（1）进群发自我介绍，并发出任意数量和金额的红包。

（2）在群里聊大家感兴趣的话题，建立熟悉感和信任感。

（3）适当回答群友问题，为群友提供有价值的建议和帮助。

（4）在回答问题时植入福利，引导大家添加你领取福利。

（5）让领到福利且有收获的群友写复盘，然后在朋友圈和社群展示。

比如你是心理学老师，不一定分享非常专业、深奥的理论，可以和本阶段的社会热点结合，选择小角度去分享。客户更在乎你是否能真正帮助他们解决问题。

需要注意的是，分享时间不宜过长，也不要一个人唱独角戏，中间多和群友互动。一般来说，周末晚上分享的收听率比工作日要高一点，在分享完后不要戛然而止，而是再次和群友互动。你可以说："今天的分享暂且告一段落，复盘最走心的 5 位小伙伴可获得我的红包，复盘前 5 名的小伙伴也将得到一份神秘礼物。"

群友的反馈非常重要，可以帮助你更加清楚自己本次分享的效果，调整日后分享的方向，更重要的是这些反馈可以为你背书。你可以截图保存，多加展示。

我平时会邀请各行各业的朋友到我的读者群做分享，朋友们拥有了展示自己的舞台，读者们又收获了丰富的知识，彼此都得到滋养。这样成就双方的事，何乐而不为呢？

你做的每一次分享都不会被浪费，永远不要只盯着眼前的一城一池，你应该把时间轴拉长，用未来的眼光打量目前的一切努力。有舍才有得，无限利他就是利己。

持续输出，聚沙成塔

作家李菁笔耕不辍，一直坚持写作和摄影，先后出版 5 本书籍。她最大的优势就是有 8 个个人微信号、8 万微信好友，这些个人微信号来源于她 8 年的积累。她是我熟识的人中私域流量的最大受益者之一。

这些私域流量可以从哪里来呢？

（1）用优质内容吸引免费流量，公众号、短视频、直播都是内容输出的渠道。

（2）付费进入优质的社群，提供价值。

（3）流量互推，找到同频的人在微信朋友圈互相推荐。

（4）从公域吸引粉丝到私域，如抖音、小红书、知乎。

（5）出版 1 本实体书，用思想吸引一群想要靠近自己的人。

如果你刚刚开始打造个人品牌，可以定下 1 万人的目标，因为现在一个微信最多可以加 1 万好友。

做个人品牌商业转化，在不同的阶段要用不同的工具和方法，要先拥有商业转化的框架思维，再做细节推进。比如：你想装修房子，首先要设计好效果图，即把房子装修成什么样，然后到建材市场（公域）里去买瓷砖、地板、家具，再按图纸放在房子里（私域）相应的位置。

如果你把东西买回来堆着，这些东西就毫无用处，你需要进行装修（个人品牌商业转化），不断努力，才能打造出一个温馨的家。所以先做什么、后做什么，也是需要周密计划和推进的。

私域的本质是关系，关系的背后是深度看见和深度支持。只有以人为本，去看见每个人的内在需求，给予力量、支持和反馈，私域这块宝地才能发挥出它最大的价值。

如何增强私域流量的粘性

微信目前的好友容量从 5000 增加到 1 万，发朋友圈可以带话题动态，如“# 新媒体写作转化指南”。作为全球最大的社交软件之一，微信拥有巨大的用户基数，并且具有极高的用户粘性和互动性，这是其他社交平台所无法替代的。因此，对于想要通过写作赚钱、打造个人品牌、提高收入的创业者来说，建立和增强私域流量已经成为不可或缺的一部分。

私域流量是指企业拥有并掌控的用户群体，包括社交媒体粉丝、电子邮件订阅用户、App 用户等。这些用户是具有一定购买力和忠诚度的，相较于从其他渠道引流的用户，更容易转化为实际销量。因此，建立私域流量可以大大降低企业的营销成本，提高销售转化率，实现可持续发展。

对于个人品牌的打造来说，私域流量同样至关重要。个人可以通过自己的微信公众号、朋友圈等渠道积累和增强私域流量，输出自己的知识、技能、经验等，吸引粉丝关注并获得他们的信任，最终将流量转化为实际收益。

比如小区新开了家水果店，老板第一时间建了水果社群，只要扫微信进群他就会赠送一份小礼物。进群后大家发现，他经常在群里分享当天的水果及价格，不定期在群里发红包，选出幸运客户送一份水果。而且他还经常亲自上门送水果，追着大家要反馈，比如水果的新鲜度、价格等。不到一个月，这家店抢走了其他水果店一半的客户。

这个老板成功的秘诀在于他建立了水果社群，并加强了客户的粘性，提高了客户消费的时间成本和体验感，建立了信任感。很多商家也会建立购物群，但如果没有互动和后期的维护，就会失去私域流量的价值。

由此可见，增强私域流量的粉丝粘性，可以帮助个人建立稳固的粉丝基础和人脉圈子，增强自身的竞争力和影响力。

那应该如何增强私域流量的粘性呢？

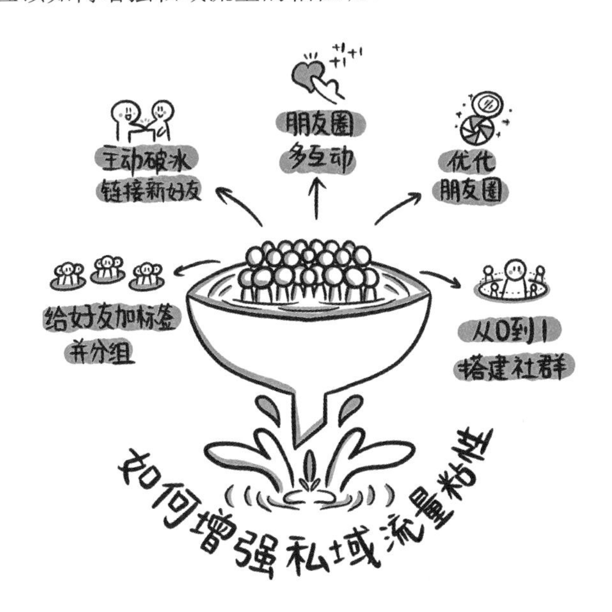

给好友加标签并分组

从公域引流到私域的流量需要精细化管理，也就是标签化管理。记住一定要分组。如果是公众号读者添加，可以加标签“热心读者”；通过抖音添加来的，可以加标签“抖音好友”等。你还可以备注对方的城市和职业，方便以后联系和精准成交。

如果怕自己分享的内容干扰其他朋友，可以设置分组，以免给他们带来困扰。

主动破冰，链接新好友

添加对方好友后不要一言不发，你可以主动破冰，在打招呼后给对方发自我简介，可以是图片也可以是简洁的文字，告诉对方你的职业以及你能够为对方提供什么价值。

你还可以把一些资料作为见面礼送给对方，从而建立更深的链接。如果对方对你分享的内容感兴趣，就会产生成交，即使没有，今后对方如果有朋友需要相应的资源，也许就会第一时间想到你。

如果冷处理、不主动出击，很多时候好友也就变成了“僵尸粉”。

朋友圈多互动

我们应该像打理自己的形象一样打理朋友圈，多展示自己积极的生活状态，分享一些有价值的观点。

1. 增加互动，拉近关系

相对于点赞来说，一对一互动虽然有点麻烦，却能够和对方建立深度联系。

当我发现别人发圈求助时，我如果能够帮到对方，就会第一时间私聊对方，提供帮助；当别人经历一些人生的重要时刻时，我会单独祝贺，并顺带关心一下近况；当别人发表一些见解深刻的干货，我并不清楚时，我会虚心向对方请教……

一来一回之间，朋友圈不再有陌生人，大家会慢慢熟悉起来。

2. 不吝点赞，表达欣赏

我会每天给 10 个朋友点赞，并回看给我点赞的好友的朋友圈，给对方回个赞，在礼尚往来之间，我们就在不断和好友产生更深的链接。当我发了有趣有料的内容时，也会得到更多赞。所以不要吝啬对别人的赞美哦！

3. 适时评论，表达关心

当我发现一些内容比较有见解或正能量的朋友圈时，常常会点评几句，比如："看到你越来越好，作为见证者的我为你开心！""太牛了吧，可以教教我怎么做到的么？"

评论只需要一两分钟，但能给对方带来触动，让对方知道有人关心自己，也会更有成就感。

4. 重点提醒，表达重视

为了让重要的内容产生更好的互动效果，我偶尔会@相关好友。这样，对方就会感觉自己是特殊的，对我的好感和关注度也会增加。

我会在以下几种场景下@相关好友。

（1）表达感恩之情时，我会特意@帮助过我的人，在朋友圈向他表达真挚的感谢。

（2）发表干货和重要信息时@最需要它们的人，比如考试的最新讯息或者行业的最新资讯等。

总之，增强私域流量的粉丝粘性对于个人品牌具有重要的意义和价值，可以提高转化率和品牌价值，降低营销成本，实现可持续发展。

优化朋友圈

1. 美化朋友圈背景图

在设计朋友圈背景图时，要特别注意细节并突出自己的个人形象照，同时在右侧写出自己的优势和独特经历。这样可以让读者更加了解自己，提高关注度。

每个人都是独一无二的存在，例如，有的人自称"写作疗愈者""10年瑜伽教练""资深产品发售操盘手"等。

2. 朋友圈要多展示价值

在朋友圈多发精致的图片和走心的句子，慢慢地你的人设就搭建起来了。很多厉害的人的朋友圈往往金句频出，让人看的时候停不下来。

打造朋友圈，不是让你虚构一个完美的 IP，而是以此提醒自己，你有没有真正活出自己期待的品牌样子。

3. 学会正确发朋友圈

第一，对于比较重要的内容，可以早、中、晚间隔式发朋友圈，确保目标客户能够都看到；第二，替换发圈，可以在中午发朋友圈时，删掉之前发过的；第三，提前给每个朋友加标签，针对不同人群发不一样的朋友圈，这样就不会给彼此带来困扰。

从 0 到 1，搭建社群

当你拥有一定数量的读者群体时，建立自己的微信社群是一个增强影响力和打造个人品牌的有力举措。每个微信群的规模通常在四五百人，相当于一个小型发布会。作为群主，你可以随时发布通知和信息，掌握群员的注意力和关注度。

邓艳红是国家首批认证社群管理师，作为资深的社群管理专家，在她看来，要想增强私域流量的粘性，社群的运营至关重要。要有正确的社群营销思维，社群运营的本质是关系，核心是人，运营的关键是组织人。

搭建社群有以下几个要点。

（1）首先需要打造自己的群运营团队，明确职责。比如，有人负责烘托氛围，在群里接龙，这样当你组织活动时群内不会太过冷清；还有人负责统计数据、负责复盘等。

（2）明确群功能和制定规则。群主要确保社群的定位明确，并与目标客户的兴趣和需求相符。例如，如果你的社群是关于育儿的，那么社群的定位就应该明确为育儿经验交流和互助，以吸引那些对育儿有兴趣的客户。同时，制定规则很重要，比如不能在群内发无关链接，以免其他群员被打扰。

（3）定期举办活动，促进群员的互动。对群员进行定向关怀，如私信、提供专属福利、个性化问候等，让群员感受到被重视和关心，从而增强他们对社群的粘性和忠诚度。比如在每个群员生日时亲手写一张卡片、寄一份礼物表达祝福。

（4）最重要的是，群主要对群员进行精准分层，备注个人信息，对于种子群员要一对一私信，这样社群的凝聚力会越来越强。

以上是一些可以从不同方面着手，增强私域社群的粘性的建议。不同的社群可能有不同的情况和需求，因此可以根据实际情况选择合适的社群运营策略，不断优化和改进，提升社群的粘性和群员参与度。

总之，私域流量的建立和增强对于企业和个人来说都是非常重要的一环。在建立私域流量的过程中，需要重视客户的粘性和互动性，积极与客户沟通互动，建立起客户对自己的信任和好感，从而获得更多的转化和收益。

让写作把IP扶起来，打造个人品牌

什么是品牌？曾经看过一个段子。

男生对女生说：“我是最棒的，我保证让你幸福，跟我好吧。”——这是推销。

男生对女生说：“我老爹有3套房子，跟我好，以后都是你的。”——这是促销。

男生根本不对女生表白，但女生被男生的气质和风度所迷倒——这是营销。

女生不认识男生，但她所有的朋友都对那个男生夸赞不已——这是品牌。

由此，你可以这样理解个人品牌：你没见过我，但你周遭的人对我赞不绝口。

个人品牌往往具有以下特点。

（1）在某一领域表现突出，能在多平台产生影响力。

（2）在大众心中有差异化的辨识度。

（3）具有长久的传播力。

在新媒体时代，天高任鸟飞，海阔凭鱼跃，正如张小龙所说：“再小的个体，也有个人品牌。”

不管你拥有什么技能，都能够把它和写作完美地结合起来，建造无懈可击的壁垒。本节将告诉大家如何借由新媒体的东风，打造自己的个人品牌。

为什么我们需要个人品牌？

当你朝九晚五却入不敷出，个人品牌能够让你升职加薪，增长财富；

当你奋斗多年却毫无起色，个人品牌可以让你获取溢价，增加底气；

当你位居高层却忧心流量，个人品牌可以让你好评连连，增加曝光；

…………

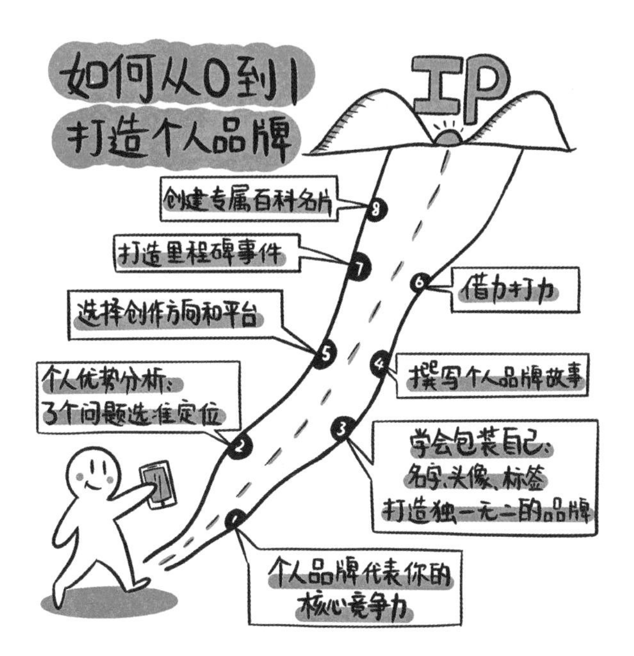

拥有个人品牌，可以实现全球移动办公，不用火急火燎地去打卡上班，更不用担心被炒鱿鱼；还可以让你左手商业，右手诗与远方，能够有更多时间陪伴家人，实现精神和物质的双重富裕。

作家李菁过去在高校教书，但是很想回老家陪伴父母。凭借多年在摄影和写作方面的积累，她回到家乡湖南省浦市镇自主创业，在商业上不断迭代，吸引了 500 名女性向她靠拢。即使远在小镇，她也让自己的个人品牌“菁凌研习社”大放异彩。之前的她负债累累，如今却过上了环球旅行办公的日子。

个人品牌是你的个人商标，代表你的核心竞争力。当别人提到某些领域时能够第一时间想到你，对你十分信任。

你可以结合新媒体写作与网络运营传播，逐渐打造出个人品牌。前期赚稿费、流量费，等有了个人品牌影响力后，后期可对接资源，选择利润更高的合作项目。

个人优势分析，3 个问题选准定位

在刘易斯·卡罗尔的《爱丽丝漫游仙境》中，有这样一段对话。

“我该走哪条路呢？”爱丽丝问。

“这要看你想去哪儿。”猫说。

“我也不知道。”爱丽丝说。

“那么你走哪条路都无所谓了。”猫回答。

每个人每天都在做选择，定位大于努力，能够瞄准把心，避免随波逐流。所谓的定位，就是你用什么样的商品或者服务满足谁的需求。

提到诗仙你会想到李白，提到豪放派词人你会想到辛弃疾，提到千古第一才女你会想到李清照，这些其实都是后人根据他们的特点给出的差异化定位。

定位三问可以帮助你快速厘清思路。

（1）你被别人夸过最多的地方是什么（或被别人请教最多的问题是什么）？

（2）别人会愿意为夸赞你的地方（或向你请教的问题）付费么？

（3）你会在什么领域付出最多的时间或精力、金钱？

通过这 3 个问题，你可以快速找到自己和别人的差异。

你的天赋价值百万。天不生无用之人，每个人都有自己独一无二的光芒。别人夸赞你最多的地方或者请教颇多之处就是你的天赋所在，如果对方还因此愿意付费，就说明你在这些方面有价值。你付出最多的地方必定是你最熟悉的领域，更精通玩法，去打造个人品牌会相对而言轻松一点。

泽宇教育的创始人郑泽宇在美国读书时，经常陪同学们去买衣服，有一天有个同学邀他陪逛，郑泽宇开玩笑说:“要我陪可以，但我是要收费的。”让他意外的是，这个同学真的从口袋掏出了皱巴巴的 20 美金给他。他由此开始创业，给客户做形象设计咨询。

后来，很多人向他咨询商业方面的知识，他敏锐地意识到自己可以开商业咨询公司。于是他随即成立了泽宇咨询，一跃成为胡润百富最佳个人品牌教育机构，帮助成千上万人在商业上摘得硕果。

定位可以和你的工作相关。文静是“十点读书”的一名主播，也是湖南电台的主持人，她的天赋就是有一副好嗓子，吸引了无数听友。她由此确立了自己的个人品牌就是声音美容师，录制了自己的私教产品《职场声音课》，帮助上千人挖掘说话优势，让他们说话更动听。

定位还可以和兴趣有关。比如，我的好友春燕一直在教对外汉语，但是无意间她接触了内观，让自己的生活发生了彻头彻尾的改变，也通过内观帮助不少人过上了如愿的生活。于是她的定位就是“内观师”，成立了内观工作坊。

从大范围来说，你的能力、资源和潜力都是你的优势。但如果结合新媒体写作，你就要更仔细地分析，究竟是哪方面的才能或者知识积累能够通过写作分享出来。

打造个人品牌，精准定位的方法就是找到自己擅长并且为客户所需的好内容。

学会包装自己，打造独一无二的品牌

1. 名字

名字特别重要，要让人过目不忘。六神磊磊、辣目洋子、牛皮明明这些名字是不是让人一下子就记住了？名字要能够包含自己的特色。

2. 头像

个人品牌的照片不能太随意，背景不要杂乱、太过生活化，最好去拍职业照，落落大方，给人专业靠谱的印象。同时，确定好了之后不要换来换去，以免一些新的客户找不到你。

3. 标签

标签就是你的独特经历和核心技能，可以做成精美海报并设置为朋友圈背景。标签要尽量简洁，在各平台的简介处大方展示，这样，客户一眼就知道你的职业和专长，同频者也能快速链接你。

撰写个人品牌故事

1. 独特的人生经历是最好的个人品牌故事

建立个人品牌需要故事，故事让个人品牌更丰满。人生经历本就是一笔稀有的财富，挖掘自己的人生经历，能让客户领略到不一样的风景，感受不一样的震撼。

资深媒体人姚柳从事过 7 年情感节目评论员的工作，但是她在个人品牌故事《点击这里，认识姚柳：“我用二十年际遇，照亮下一个十年”》中提到自己是 2008 年全国速记比赛冠军，告诉读者一段与众不同的经历。

在一次次的记录中，我在过程里飞奔向上。我曾随第十一届人大常委会吴邦国委员长随行速记，也曾被湖北省委多位领导钦点速记，带领团队被湖北省委、省政府及多家国企列为会议服务的指定供应商。在记录中，他们的思维方式在我脑中裂变、吸纳，成为我自己思想开拓加冕的台阶。

你看，很多人的个人品牌故事靠客户的成功案例来论证，而她的个人品牌故事里的背书来自政府，这样独特的人生经历是不是一下子就让人印象深刻，对她好感倍增呢？

天生我材必有用，每个人都有独一无二的光芒，独特的人生经历会让你的个人品牌故事散发不一样的魅力。

2. 个人品牌故事要真挚走心、引起共鸣

你的个人品牌故事应该是真实的、走心的，否则会让读者对品牌产生质疑和不信任。真实的故事会唤起很多普通人的共鸣，那么你的品牌故事已经成功了一半。

我在《3天2篇10万+，被官媒转载并出版，我做对了什么？》这篇文章中回顾了自己创作的心路历程，一些初学者从中找到了力量，还有一些当初学写作的朋友在文末留言："当时我们一起学习，只是我放弃了，看了你的故事，我决心重新拾起笔。"

这就是个人品牌故事的感染力。每当新加一个好友，我也会直接发这篇文章的链接给对方。

个人品牌故事并不是一成不变的，需要不断迭代，当你发布新的作品时，也可以把链接加入个人品牌故事。

选择创作方向和平台

你需要选定自己创作的内容属于哪个领域，你最擅长什么题材，能否一直保持输出，这些都是关键点。只有在同一领域进行长久的写作，才能强化你的个人品牌。

当你有了写作手感，过了写作新手期后，你的选择方向和平台至关重要。垂直领域写作有利于写作者更快地发展，让写作者更容易脱颖而出，也让写作内容更加系统化。

你可以分析过往创作的数据，比如你创作的亲子文的阅读量远远高于职场类文章，你就可以先稳住亲子文；如果你面对镜头时状态不佳，那就暂时不要尝试视频类创作，先在文字输出类平台稳打稳扎。

决定写某个领域，文章内容并不是要 100% 是该领域的话题，该领域的话题占比 60% 以上就可以。

不同创作平台的对比如表 7-1 所示。

表 7-1　不同创作平台的对比

平台	适合领域	特点
微博	偏向娱乐和生活	适合做娱乐综艺等领域的 IP
知乎	以问题和答案为主，侧重知识和干货分享	适合侧重分享知识和干货的 IP
小红书	以种草为主，适合形象穿搭、美妆护肤领域	适合有形象塑造需求或种草商业需求的 IP
抖音	以短视频为主，对形象要求较高	适合做短视频类 IP，对美学、表现力要求高

借力打力

“六神磊磊读金庸”是一个典型的公众号案例，它利用金庸的名气获得自己的名气。金庸的武侠作品在全球拥有大量的读者和广泛的影响力，并被改编成影视作品，具有重要的文化 IP 属性。人们常说“有井水处，就有金庸”。

六神磊磊从“最有趣的读书号”到“读书不要竖着读，让我横切开给你看”，再到“众所周知，我的主业是读金庸”，最终确定了自己的定位——解读金庸。

一方面，公众号名称中的“金庸”这个 IP 词能够让人迅速明白公众号的主要内容；另一方面，公众号的定位十分鲜明，即解读金庸的作品。

从更深层次上看，六神磊磊认为，即使把金庸书中的中国元素去掉，他的书依然是最好的武侠小说，因为他的书在很深刻地挖掘人性。

六神磊磊并不单纯利用金庸的名气进行文章创作，而是深入阅读了金庸的作品，借助金庸作品去展示自己独到的观点，解读其背后的哲学思想和人类智慧。

打造里程碑事件

什么是里程碑事件？比如年度演讲、有代表性的个人创业经历视频、周年庆、发布会等。你可以每年都这样去干一件大事，然后借由目前的新媒体平台去大量、持续地曝光自己，以此扩大自己的影响力。

如果你的个人品牌一直不温不火，你就很难破圈。

因为人们只会记住冠军、业绩第一的人、取得过非凡成绩的人。比如：持续早起更新文章3年；销售额突破100万元；视频号直播GMV达到500万元……

下面是作家“剽悍一只猫”的里程碑事件。

2019年，成为樊登读书首席社群顾问。与樊登读书合作举办线上年度分享，单场分享一周内销量突破11万；

2020年，出版《一年顶十年》，该书首月发行量达20万册；

2020年，启动图书营销业务，被磨铁文化集团聘为首席图书品牌战略顾问，并陆续成为多本超级畅销书的首席营销顾问。

每做一次里程碑事件，势能就螺旋式上升一次。所以，你要持续分享，把自己的成事心法总结成方法论、方便法门，去影响更多人。

创建专属百科名片

中文网络百科全书，如百度、今日头条、搜狗等旗下的百科，是准确、全面、易读、丰富的中文知识库，覆盖人物、科学、自然、文化、历史、娱乐等类别，目前单种百科词条数量超过 2000 万。

对于写作者来说，创建自己的人物百科、书籍百科、作品百科是非常重要的。创建人物百科的作用是展示个人成果、提高知名度和影响力，作品可以收录在人物百科中。人物百科的信息具备一定的权威性，可以作为一个展示成就的重要平台。

创建书籍百科可以提高写作者的知名度、书籍销量，还能防止抄袭。也可以通过作品百科词条提高作品的影响力和流传程度，为作者带来更多的关注和机会。

因此，写作者可以通过创建个人的百科词条，提升自己的形象和知名度，扩大社交影响力和展示个人成果，打造个人 IP，树立品牌，拓展人脉，实现更大的价值和影响力。

在自媒体时代，IP 已经演变成为一种符号、价值观、共性与特征，让内容自带流量。所以，个人 IP 将在商业领域中发挥着至关重要的作用。

每个人都是产品，每个人都应该把自己当作最优秀的产品去打造。个人 IP 在这个自媒体时代中是最好的护城河，一旦打造出来，就很难被复制，只要持续不断地创作，个人商业价值便会逐渐提升。

个人 IP 的打造不仅能推动个人商业价值的提升，同时还能大幅提升个人的知名度。因此，在这个信息泛滥的时代中，打造个人 IP 成为创作者展示自己、提升人气、扩大影响力的有效方法和途径。

第 7 章伴手礼

1. 复盘糖果

（1）私域流量可以用以下方法引流：在公域平台巧妙留下自己微信号；在朋友圈和好友互推；在社群做分享，持续输出。

（2）增强私域流量的粘性有以下办法：添加好友时加标签并分组；主动破冰，私聊新加的好友；多在朋友圈互动；优化朋友圈；搭建社群。

（3）通过新媒体打造个人品牌，首先要明确个人品牌带给你的价值，其次通过 3 个问题定位（优势、优势溢价、自我投入），再从名字、头像、标签方面包装自己，个人品牌故事必不可少，然后需要确立创作方向和平台，最后打造自己的里程碑事件或者品牌事件，创建专属百科名片。

2. 解惑锦囊

Q： 做个人品牌的人越来越多了，很多时候定位和内容差不多，应该如何脱颖而出呢？

A： 顶层设计大于一切，个人定位一定要体现差异化，也就是最大化地提炼自己的核心价值，找到比较稀缺的赛道，把自己的价值发挥到最大程度。

比如，你是一个主持人，你可以讲背台词的技巧、主持的台风等，帮助其他有需求的主播；你是一个婚姻咨询师，个人定位为讲婚姻难以突出，但是可以细分领域，专门讲二婚的相处之道。

总之，差异化的关键在于选小角度，精准突破，不要解决太多问题，有一个稀缺的点比较好。

Q： 个人品牌故事有没有参考的模板，能够直接套用呢？

A： 可以参考下面的模板。

第一阶段，成长之痛。这部分就写你在成长过程中的痛苦状态，或当年的辛酸经历，作用是和后来的转变形成鲜明对比。

第二阶段，迷茫挣扎。想要逃离却暂未找到方法，对未来既向往又恐惧，可以写自己的内心矛盾冲突，可以写具体一点，加上一些形容词和细节的故事，让人能够想象你当时的迷茫和无助。

如果这种状态持续下去，肯定是无法接受的，所以你下定决心想要改变。

第三阶段，开始改变。这里需要写出你为了改变以前的痛苦的状态而付出的艰辛的努力，然后看到的自身改变的效果。

也许你通过了付费学习让自己得到了改善，也许你花费了很多时间和精力，总之要让别人能够看到你付出了很大的成本。

第四阶段，传播分享。因为你自己走出了困局，改变了当时的状态，所以你想要把这段经历和自己学到的东西教给他人，帮助他人实现梦想。

在评论区可以这么写："如果你是觉得我是一个值得深交的人，请给我点个赞吧，我会把你备注成同样值得深交的 VIP 朋友！往后余生，让我们继续做朋友吧！"

Q： 朋友圈发来发去，我只会发一些鸡汤，怎样才能吸引更多朋友或用户呢？

A： 朋友圈至少有 5 种发圈方法。

一是生活类朋友圈。通过一些生活记录、感悟和美图传递自己的价值观。

二是专业知识类朋友圈。可以是独特思维或者生活技能，比如告诉大家如何巧妙去污渍。

三是产品类朋友圈。可以直接亮出自己的优势或者可以帮人解决的问题。比如："每天半小时，手把手带教，针对性教学，让你六周掌握地道发音。"

四是刺激咨询类朋友圈。针对固定人群的痛点发圈。比如："如何才能让孩子营养均衡？朋友圈留言'1'给你揭秘。"

五是成交类朋友圈。晒自己的专业度，获取更多信任。比如："30 岁体重 200 斤，目前血糖严重过高，幸好找到了我，让我们见证他 30 天的瘦身情况吧。"

3. 小试牛刀

（1）试着和朋友圈的 1 ～ 3 个好友互推，看看能够链接多少人，把自我推荐文案写下来吧！

（2）尝试发一条专业知识类朋友圈，看能获得多少点赞。

（3）为自己个人品牌的海报设计好文案，并和朋友们探讨。

第8章 终身写作
心智带宽，持续成长

哈佛大学行为经济学家塞德希尔·穆来纳森在著作《稀缺》里提出一个词叫“心智带宽”。心智带宽指的是心智的容量，它支撑着人的认知力、行动力和自控力。

终身写作是一种持续努力和成长的过程，我们心智的容量会越来越大，心智带宽不仅指写作方面的技巧和知识，还包括我们对生活的感悟、对人性的洞察和对时代背景的理解，宽广、开阔的心智又会推动我们不断成长。

终身写作：心智带宽，持续成长

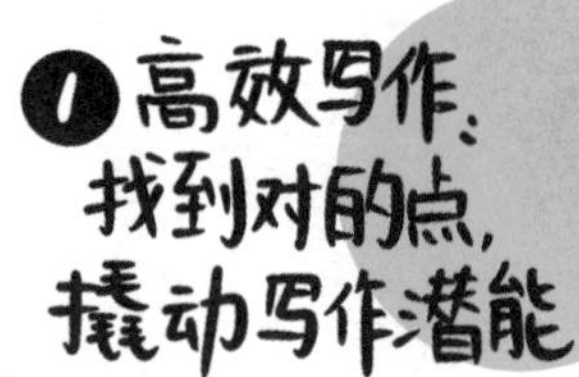

❶ 高效写作：找到对的点，撬动写作潜能

- 随心性写作
- 笔记法写作
- 增补法写作
- 刻意性写作
- 卡片式写作
- 一句话写作
- 复述式写作
- ChatGPT写作

❷ 人人都能写一本自己的书

- 出书：成长的加速器
- 写书需要具备哪些条件
- 普通人如何出书

❸ 心智带宽：精准努力，你也能靠写作实现人生跃迁

- 目光长远
- 保持热爱
- 空杯心态
- 近悦远来
- 格局逆袭
- 修炼自己
- 深耕优势领域

❹ 终身写作：写作红利，远比你想象得多

- 逆袭武器
- 促进沟通
- 记录生命
- 有效社交
- 疗愈内心
- 保值增值
- 倒逼成长
- 价值杠杆

高效写作：找到对的点，撬动写作潜能

持续写作的核心是持续地实践和获取反馈，每个人都有自己能写的领域，只是有些人开发了它，而有些人浑然不觉。人人都可以快速上手创意写作法，它指通过非传统的方式来思考和表达，以产生新的想法和观点，创造出更加有趣和创新的内容。

8 大创意写作法能让我们快速找到又快又好的写作赛道，从怕写体质变成爱写体质。

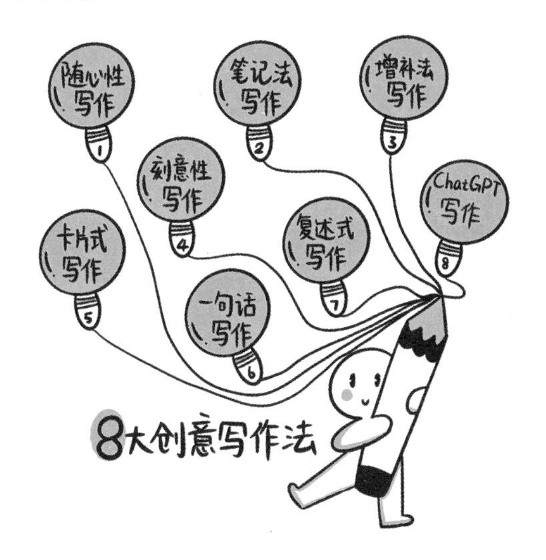

随心性写作：信马由缰，破解禁锢思维

我们可能都有过这样的状态：坐在桌前一整天，写了删，删了写，总是找不到感觉，不能进入心流状态，写得磕磕绊绊。

这个时候停一下，不要被一切想法囚禁，要像写日记一样把内心的真实想法写下来。当我们能进入心流状态，灵感如泉水一般汩汩而出后，再选择一两个点进行创作。

可以写当天经历的某件事、心情，或者对前段时间的回顾、对未来的规划、对最近事情的看法。

这种写作方式最解压，随心所欲，没有了字数和体裁的限制，许多真情实感就会流露而出。

笔记法写作：边抄边悟，同步积累和创作

读书时语文老师常让我们准备一个摘抄本，记录好词好句，还要写下感悟，这个感悟的过程其实就是从解构到建构的过程。

当我们发现无题可写时，不妨从摘抄自己喜欢的句子或者片段开始，在旁边写下自己的批注，比如感触和联想。

增补法写作：增补细化，解决枯燥无味

我们都玩过拼图，拼图时我们一般先把每片拼图翻到正面，然后找出带直边的拼图并放到既定的位置，由边框向中心一块块拼上去，最终完成拼图。

增补法写作也很像拼图。先把主要内容写出来，然后按照内容的重要程度进行增补拓展，最终删除多余的、与主题关联不大的内容，形成一篇完整的文章。当我们感觉写作内容不够生动时，这种方法是非常有效的。

刻意性写作：精准努力，磨炼写作思维

刻意性写作指的是一种有目的、系统的写作练习方式，是为了提高写作技能和写作水平。这就需要我们把写作当作一门学问来学习，像学绘画一样，积极学习、不停练习、不断改进，从而达到更高的水平。

那么这与我们的日常写作有什么区别呢？我们的日常写作其实

就像白天打盹儿一样，问题是经常打盹儿会让我们懒散，写作也是一样的。如果我们总是马马虎虎地写作，就很难有提高了。而刻意性写作就像完整的 7 个小时睡眠一样，不仅让我们更有精神，还能让我们的写作水平越来越高。

比如，以一周为小循环，一个月为中循环，一个季度为大循环，分别对标题、素材、结尾进行刻意练习，每个周期检测自己的训练结果。

因此，如果我们希望成为一位更加优秀的写作者，就需要将写作当作一门学问来学习，像运动员每天训练一样。要有系统、有目的地去练习写作技巧，去发挥我们的创造力和想象力，这样才能够不断进步，创造出更好的作品。

卡片式写作：卡上拆分，发现写作之趣

卡片式写作是一种写作技巧，它的基本原理是将写作主题拆分成若干个小主题或段落，把每个小主题或段落都写在一张小卡片上，再把这些小卡片按照逻辑或时间顺序排列。这种方法可以帮助作者梳理思路，分章节、分段落编写，使写作更加流畅，避免遗漏或重复。

卡片式写作的使用方法就像拼图一样。当我们拼图的时候，每一块拼图都有自己的位置、颜色、图案等，卡片也是一样。我们只需要把想要写的内容拆成小块写在卡片上，按顺序排列，一块一块地拼凑就行了。

比如，我们要写一篇关于自律的文章。我们可以将这个主题拆分成自律的好处、如何自律、自律的困难和方法等，把每个主题写在一张卡片上。接着，我们把这些卡片按照逻辑或者时间的先后顺序排列，将它们插入文章的不同部分，逐一展开说明。这样，我们的文章就更加清晰明了、更有逻辑性。

你看，是不是非常简单呢？这种写作方法轻松又有趣，让我们

像孩子一样拼装自己的思维，从而更好地传达出完整的信息。它不仅在组织思维方面有所帮助，也可以减轻写作时的焦虑感，让我们更好地享受写作的过程。所以，不要害怕写作，卡片式写作法就像玩拼图一样好玩简单。

一句话写作：文章是从一个句子长出来的

罗伯特·麦基曾在《故事》一书中写道："真正的主题并不是一个词语，而是一个句子——一个能够表达故事不可磨灭意义的明白而连贯的句子。"

"一句话法则"是将故事用一句话概括出来，揭示其主心骨。只有拥有结实、清晰的主心骨，故事才有可能成为优秀的作品。

我有个习惯，不论是在街上还是朋友圈里，只要看到喜欢的句子，都会记下来。

有一次，我在朋友圈看到一句话："一个人对世界最大的贡献，是让自己舒服又快乐。"由此我想到我们很多时候都在讨好外界，却唯独忘了自己。于是我尝试去创作选题——《让你不舒服的关系，都是错的》，我从友情和爱情方面展开，从生活故事和热门电视剧取材，写了主人公委屈自己去成全别人的快乐，却不欢而散，最后懂得成全自己的故事。

这篇文章后来在"十点读书"作为头条发布，在看量是 1.5 万。

复述式写作：复制优秀，产出优秀

美国历史上杰出的政治家和科学家本杰明·富兰克林是著名的复述写作法的倡导者。

富兰克林通过阅读好的英文文学作品并将其重新组织，从而发现好的想法和结构，进而提高了自己的写作技能。他还使用了一个自创的技巧，即将想要复述的文章保存在脑子里或记在笔记本上，一段时间后再重新组织内容。

这种方法被广泛传播，并被奉为经典的写作方法。

在写作时，我们可以选取优秀的文章进行逐字逐句地模仿，包括原文的写作方式、语法和词汇等。在复述过程中，检查是否存在措辞不精、表述不清等问题，然后对文章进行重新组织和誊写，使表达清晰明确。在此基础上，再对文章进行一些有针对性的改动和调整，使文章更充实、独具特色。

总而言之，依葫芦画瓢，汲取不同作者的优点，写作就会越来越轻松了。

ChatGPT 写作：智能小帮手，写作不发愁

ChatGPT 是一种自然语言处理模型，我们可以利用 ChatGPT 进行文本生成、文本校对、主题和关键词搜索、语音输入和转换。主要有以下几种用法。

（1）作为新媒体写作者，我们可以利用 ChatGPT 生成一些开头、结尾或者段落，从而快速获得写作灵感和启示。

（2）另外，在写作过程中，我们难免会出现一些拼写或者语法错误。利用 ChatGPT 进行文本校对可以帮助我们发现并纠正这些错误。同时，ChatGPT 还可以提供一些更好的表达方式和词汇替换建议，帮助我们提高文章的质量。

（3）我们可以输入一些关键词或者问题，让 ChatGPT 为我们提供相关的信息和参考资料。

（4）ChatGPT 还可以进行语音输入和转换。这对于一些要创作大量文字的工作场景非常有用，可以让我们更快速地完成文章撰写和编辑，提高写作的效率和质量。

但是，需要注意的是，ChatGPT 仅仅是一种工具，在温度、情感、创意和人文价值方面难以代替我们的大脑，我们仍然需要通过自己的努力和积累，不断提升自己的写作技能和水平。

创意写作的方法还有很多，比如集体创意和借助工具等。我们可以从这些写作方法中选择自己最喜欢的一种，刻意训练，转化就离我们不远了。

创意写作可以激发灵感和创造力，帮助我们发挥想象力，打造出独具特色、生动形象的作品。从职业到个人生活，创意写作都为我们带来了很多的乐趣和成就。

人人都能写一本自己的书

无论是公域还是私域，内容输出都是碎片化的。而一本书是一个写作者的积累和系统化思维的呈现，也是个人品牌的放大器。

一本书是写作者最好的名片，更是成长的加速器。写书可以创造很好的生命体验，帮我们抵抗遗忘，延长生命，正所谓“佳作传世，灵魂不朽”。

书籍本身也是一种有形的、永久的、具有传承价值的文化资产，对于写作者和读者来说都有着非常深远的意义。其实，只要掌握了出书的底层逻辑，人人都能写一本自己的书。

出书：成长的加速器

对于文字爱好者来说，出版一本书是很多人内心的终极梦想。出书不仅是转化的一种方式，更是打造个人品牌的标配，是向世界递上自己的名片。

写书是展现个人思想和才华的最佳方式，也是提高个人影响力和专业度的有效途径。无论是传统写作者还是新媒体写作者，将自己的作品打造成出版物，更显得专业，更能为自己加分。

一本书可以展现出写作者的思想深度和文化修养，是增加粉丝对写作者的信任和粘性的重要途径。通过出版一本书，写作者可以在同领域中更具权威性，吸引高价值的粉丝。

此外，出书还能助推个人 IP 打造，出版方的发行、推广和营销等一系列操作可以帮助写作者精准覆盖全国范围内的付费读者，多重增加曝光率和影响力。在书中植入个人信息，也能扩大个人的社交圈和商业机会。因此，对于文字爱好者来说，出版一本书不仅是实现个人价值的途径，也是推动个人成长和事业发展的重要选择。

《不用督促的学习》一书的作者苏晓航本来是一位普通的全职妈妈，可是当她拿起笔来写作，她就成了无数家长崇拜的教育偶像，还得到了《正面管教》作者简·尼尔森和著名教育家窦桂梅的隆重推荐。新书一经出版，半年销出 35 000 册。

在此之前，她和所有新手妈妈一样，迷茫彷徨过。机缘巧合下，她开始学习正面管教。她有一个写教育随笔的好习惯，会在 QQ 空间和微信发文章，结果阅读量很高。于是她在热心家长的建议下把这些文章集结成书，没想到反响热烈，她不仅成就了自我，还帮助了更多迷茫的家庭。

在新书的推动下，她的单次讲座费用达到 5 位数，教育局也向她伸出橄榄枝，邀请她参与家庭教育项目，各种合作机会纷至沓来。

写书需要具备哪些条件

写书并不是一件容易的事情，很多人在写作之初，对如何构思、如何写作都没有清晰的规划，所以在做出版时会遇到各种困难，比如出版社的审核、市场营销推广等。因此，做好准备是写书成功的关键。

1. 明确的方向

明确写书的主题和内容。从自身的兴趣爱好、专业领域、社会热点等方面入手，找到适合自己的核心主题，全面构建文章框架，并列出每个章节的要点与必备内容。要在写作过程中保持清晰的方向，避免偏离主题，尽量减少水分和废话。在遵循明确方向的基础上，不断进行完善和修改，提高书籍质量，深入读者心理，并最终实现传播价值最大化和写作者价值最大化的目标。

2. 理解读者和市场

写书的动机是什么？是为了哪些读者服务？了解市场和受众的需求和特点，就能够更准确地选择和运用适宜的语言表达和传播方式，最大限度地满足读者的需求。在写作前搜集资料，调研市场。写作者要了解当前市场上类似的图书，查看其评价情况，分析其成功与失败的原因，并结合自身优势和诉求，确定自己的创作方向和特色。

3. 有质量的积累

练习和提升自己的写作能力，平时写的文章积累起来就是一本书。肚子里一定要有货，包括自己的经历、阅读的书籍、学到的知识和经验总结等，这些都是写作的素材和原料。

4. 影响力

如果要出书，我们必须有一定的影响力，出版社才会愿意出版我们的作品。

个人影响力可以帮助我们达成出版目标，与出版社建立信任关系，同时也能树立我们在特定领域中的专业形象和声望，可以说是既要靠业内积累，又要靠社交经验。但只要坚持实践，我们定能够开创出新天地。

普通人如何出书

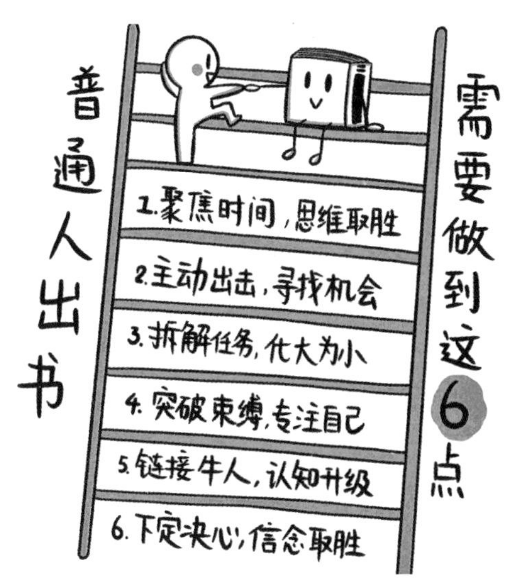

普通人出书需要做到以下6点。

1.聚焦时间，思维取胜

一说出书，很多人会说：“出书很难吧？自己没经验，怎么能教别人呢？”殊不知这是一种误区。资深出版人写书哥曾发现，经验少反而是出书的优势。

比如一个大学生和公司老板同时出书，大学生出书的胜算更高。第一，经验少的大学生时间更充裕，花在写书上的时间就是优势，老板事务繁多，难免不能全身心投入；第二，大学生探索的欲望更强，老板的思维相对固化，难以突破创新；第三，大学生的书更接地气，老板的书有可能曲高和寡。

目前，许多素人都在写书，一切皆有可能。我们也一定要对自己有信心！

2. 主动出击，寻找机会

如果想要出书，可以主动在微博上联系一些图书公司或出版社投稿，因为机会永远是给那些有准备的人的。出书的目的是吸引更多流量关注自己，增加粉丝，提高影响力，而不是看重书本身的利润。

因此，很多新人作者出书，大多是为了赚人气和影响力，进而整合资源，实现商业转化。出书的隐形价值巨大，有的作者甚至通过出书吸引到投资人的注意，得到了天使轮投资。

在写书的过程中，我们不仅可以梳理和巩固自己的知识框架，还能让其他人从中受益，这是一举多得的事情，既能利人，又能利己。因此，出书是打造个人品牌和提高影响力的最佳方式，写书也是磨炼心性、提升自我的过程。

3. 拆解任务，化大为小

写书的确是一个看似艰巨的任务，但是通过拆解任务，每天完成一点，积累起来就可以写完一本书。一本书并不是长篇大论，而是由许多小文章组成的。将一本书拆分成许多小文章，每天写一篇，最终就可以完成一本书。写作过程需要不断的实践和积累，最重要的是要去勇敢地尝试。

4. 突破束缚，专注自己

不少写作者认为行业里藏龙卧虎，牛人都没写书，凭什么自己能写呢？这其实是一种误区，也就是心理学所说的限制性思维，即用一些条条框框把自己束缚在原有的观念里。

出书能为我们的人生创造更多的可能，带来更大的影响力。牛人不一定需要这本书，但是对于素人来说，这是一个不容错过的绝佳机会！

5. 链接牛人，认知升级

如果我们想写一本认知类的书籍，我们会发现市面上的竞品很多，大同小异，真正取胜的是作者的思想。比如，《认知觉醒》大火的很大一部分原因在于该书提供给读者许多全面且新颖的认知，而且简单易懂，能够马上用起来。

想要让自己的书在茫茫书海里脱颖而出，我们一定要刷新认知。条件允许的话，可以去报牛人的网络课程或者线下课。另外，阅读牛人的书籍也是很不错的方法。

打败我们的人很可能不在我们这个赛道，我们在阅读方面不要拘泥于自己的专业，应该广泛涉猎，向各行各业的牛人借鉴，这样总会给我们写书带来灵感和启发。

6. 下定决心，信念取胜

好友展眉从2013年第一次去希腊，到2017年创业做希腊旅游相关的网站和自媒体时，就已经去过希腊很多次了。她当时萌发了一个非常强烈的愿望——写一本关于希腊旅游和文化的书，她几乎买遍了市面上所有与希腊旅游相关的书籍，却发现一个很严重的问题，很多作者并未真正到过希腊，许多书良莠不齐，有不少漏洞。在她看来，很多人一生可能只去一次希腊，她不希望大家抱憾而归。

果不其然，如同她担忧那样，大家并不看好这本书，因为它太小众，几乎没有市场。但她抱着“事在人为”的态度死磕到底，把目录、样章打磨得十分精彩，最终，该书成功签约国内某知名出版社。

豁出去的决心，可以让所有的困难片甲不留！如果我们下定决心写书，但容易分心，那就卸载娱乐 App，减少不必要的社交；不懂流程，那就查找资料，了解出书的方方面面；相信方法总比困难多。

出书带来的红利比我们想象的多得多，也许暂时转化的效果没有特别惊人，但是一定会在未来带给我们惊喜。

人一生就是在不断地创造作品，作品就是自己生命能量的持续叠加，人生战略就是作品战略，要深耕自己的人生作品。

心智带宽：精准努力，你也能靠写作实现人生跃迁

靠写作实现人生逆袭对于许多普通人来说，简直就是天方夜谭，听说过却从没见过。

要靠写作实现个人价值，考虑的顺序应该是这样的。

1. 能否保持身心自由的状态去写作？（充分认可写作的价值）

2. 写作能够给人生带来哪些改变？（物质、精神、社交、人生价值等）

3. 写作将要面临什么困难？（不会写、拖延症、畏难心理等）

4. 学习写作具体要投入多少成本？（金钱、时间、精力等）

如果倒过来考虑，基本都会掉坑，过多考虑投入产出比，踏出第一步将会变得很难。

心智带宽大的人，往往清楚自己的目标，一路打怪升级，借着写作的青云扶摇直上。

做到以下 7 点，你也能靠写作实现人生跃迁。

目光长远：用未来愿景照亮现在

如果你身上只有9000块钱，你会愿意花5000块钱去上培训班吗？

“剽悍一只猫”愿意，2014年他只是个普通的英语老师，如今他成为了某平台拥有了百万粉丝的名人，还成为了签约作者、优秀的讲师、樊登读书的首席社群顾问，他的书《一年顶十年》一个月热销20万册，他到底是如何做到的？

“剽悍一只猫”之前没有稳定的收入来源，资深职业人赵昂很好奇他是靠什么支撑下来的。他说逆袭的关键在于他关注的并不是困难，而是未来的愿景。

写作是他当年的梦想，他想用一段时间静心沉淀，所以只能克服其他困难。他注重实现梦想，而不是生存问题。他花费几万元购买书籍，参加各种培训，与各种牛人交流学习。他并没有感到这些投资是浪费，也没有因为自己收入有限而减少对自己的投资。相反，他认为这些是必要的积累，会让他终身受益。

他的眼光超越了短期生计，立足长远。别人眼中“捉襟见肘”的大困难在他眼里不过是“不足为虑”的小麻烦，即使面临经济困难，他也会坚持不懈地投资自己，因为他相信这些投资都是最有价值的。

慢慢地，不管是自我成长、丰富认知，还是结识人脉，他所有的投资都产生了收益。

在这个快节奏且浮躁的社会里，越来越多的人期待短期获益，而能够逆袭的人，往往在逆向做长线投资。梦想家能够坚持不懈地追求梦想，是因为能接受现实，并且与现实和平相处。他们目光炯炯，是因为心有定见，脚踏实地，是因为眼中有目标。

空杯心态：谦虚低调，终身学习

畅销书作家弗兰克的《多卖三倍》《爆款写作课》销量惊人，我曾经在微信读书上看读者的留言，在众多赞誉之下有条留言格外刺眼，指出了这本书存在的很多问题，结果下面有一个人回复：“谢谢您，说得很中肯。”这个人竟然就是弗兰克自己，这让我很讶异。

每次在朋友圈看到他发的内容，我总会小心翼翼地给他一些“挑刺”的建议，我以为他会生气，没想到他欣然接受。

正是因为这种空杯心态，他 33 岁从 0 开始写作，34 岁教人写作，35 岁辞职，36 岁出版第一本书籍并登上央视，37 岁做到一篇文案卖了 300 万元，38 岁二次转型，39 岁聚焦销售，40 岁出版第二本书，重新出发。

越是厉害的人越谦卑，越知道及时清零过去的荣耀，因为他们从未放弃迭代自我，让现在的自己比以前更通透、更智慧。只有舍得，才能获得更多，才能发现自己的差距和不足，找到应该努力的方向。

格局逆袭：从成为圈子里最差的那个人开始

很喜欢作家宗宁说过的一句话："有人靠天分逆袭，有人靠身份逆袭，如果你什么都没有，也许只有靠格局了。"

对于许多普通人来说，没钱、没资源、没背景，却想要人生破局，此时应如何是好？答案是格局逆袭，这是每个人都能做到的，只要你有意愿和决心。

所谓格局逆袭，即通过不断拓展自己的气度、眼界和思路，增加自身的价值和潜力，从而突破自身的局限，实现成功和自我价值的最大化。

看过一段另类的话："我们公司里有这么一种团队文化，要尽全力去证明自己是公司里最废物的那个人。我认为这是一种健康的心态，因为这意味着你在不断进步，尽力超越自己的极限。"

如果你能让圈子里最出色的人成为你的榜样，并不断努力追逐、超越他们，那么你就能不断进步并逐渐变得出色。

记得前几年学习写作时，当我还在摸索阶段，同学的作品就已经屡屡登上杂志，常常出现在各地中、高考的试卷上；当我刚把观点文写得顺手，一些签约作者就已经能驾驭各种类型的文章；当我在社群学习并且还摸不着北时，小伙伴们就早已晒出骄人战绩，凭实力分分钟碾压我。

没错，每次学习，我都是圈子里最落后的人，但是我甘之如饴。优秀的同学和伙伴打开了我的眼界，我为他们默默鼓掌，也时常研究他们做得好的地方，学以致用。

这个过程让我明白了自己的无知，天外有天，人外有人。但是每往前踏一步，我都满怀期待，今天的我比昨天又进步了不少！

深耕优势领域：平台和流量自会找到你

股神巴菲特的办公室里，放着一张美国棒球手的照片。

他就是对巴菲特的投资理念影响深远的一个人——波士顿红袜队的击球手泰德·威廉斯，被称为“史上最伟大的击球手”。

其实，在棒球运动员中，有两类击球手。

一类击球手是什么球都打，力求全垒打；另一类击球手则是聪明的击打者，他们只打高概率的球。

泰德·威廉斯有一个鲜明的观点：不要每个球都打，而是只打那些处在“甜蜜区”的球，即专注于高价值区，用最有把握的方式取胜。

这个方法听起来简单，但做起来难，比如巴菲特在做投资时只会专注、稳妥地选择自己有把握的投资标的。**敢于舍弃一些你觉得可能会赢但把握不大的领域，专注于自身具有优势的领域，你才可能获得更大的成功。**

看到别人做小红书就跟风，看到有人做短视频就心痒，你只会越来越迷茫。深耕比开发矩阵重要，找到自己的擅长点，精准发力才能事半功倍。

保持热爱：做长期主义

尹正平是石家庄铁路的一名普通职工，业余时间他非常喜欢研究国学。他的新书《国学三千年》一经出版便受到了读者的追捧。

这样一部有趣而严谨的通俗国学史，在我看来非常难写，查阅资料枯燥乏味，还要考据真实性。当我问及出书的过程，他说热爱可抵万难。因为热爱国学，他 33 岁开始考研，从当初的自考学生成为北京大学古典文献专业研究生笔试的第一名。虽然后来意外落选，但他又跑到天涯论坛分享国学，最终被编辑一眼相中。

台上一分钟，台下十年功。一鸣惊人的背后是他长达11年的沉心坚守，所有的长期主义不是靠强逼自己，而是靠发自心底的热爱，以及不计回报的付出。

近悦远来：你若盛开，清风自来

叶公向孔子请教政务。孔子的回答只有六个字："近者悦，远者来。"这六个字的原意是说，既要使近处的、境内的人民欢悦无怨，还要使远处的、境外的人民心向往之、愿意前来。

有句话说得很好："不为模模糊糊的未来担忧，只为清清楚楚的现在努力，你若盛开，清风自来。"

秦小鱼是自然美形象的创始人，刚开始她做个人品牌时每个月只能赚500元，但她并不着急，始终保持从容自在的状态，在摸索中不断调整自己的品牌定位，优化自己的课程。慢慢地，她实现了自我突破，这几年她的月收入已经超过10万元，做到了全球旅行办公。

你可以努力，可以有条不紊地奋斗，但一定不能着急，要过舒展从容的恬静人生。

修炼自己：用出世的心做入世的事业

前不久在微博看到这样一段话，非常扎心。

> 社交媒体带来的最糟糕的事情是，人们不再愿意去脚踏实地经历人生的各个阶段。23岁的人想直接拥有33岁的人所拥有的生活，他们想拥有相同的东西，而当他们无法拥有的时候，就会觉得自己是失败的。

云谷禅师说："我们对待命运的态度，应当是勤勉修身而又能安心等待。也就是说，是竭尽所能之后的放下。又可以说，是用出世的心做入世的事业。”

不要为了赚钱急功近利，这样你会失去更多。你努力不是为了被钱驾驭，而是为了有一天让钱变得不那么重要。

写作可以让孤独的人把冷板凳坐热，不管你在什么行业，如果拥有了写作这项技能，你的人生就有了逆袭的可能。这条路注定充满艰险，但如果你能用未来的愿景照亮现在的窘境，愿意从内到外雕琢自己，保持空杯心态，和同频的人携手并进，保持热爱与长期主义，相信你的人生一定会跃迁到更高处。

终身写作：写作红利，远比你想象得多

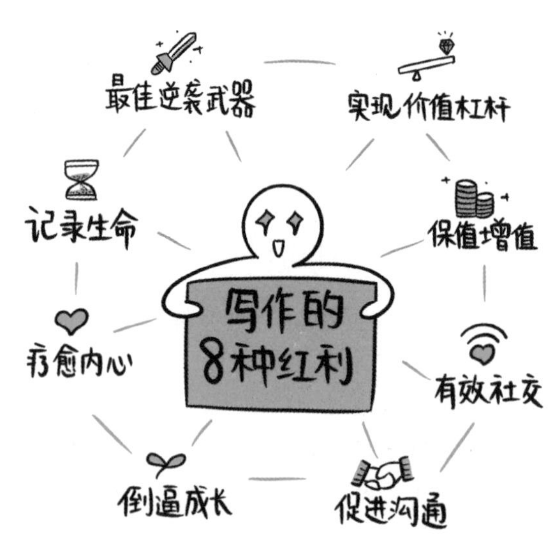

畅销书作家任康磊曾说过，相对成长是外在成长，特点是暂时的、他人赋予的，十分易碎。好比大雁飞过湖面，只留下了水痕。

而绝对成长是坚实有力的，是个人能力的突破，是个人一项过硬的本领。比如，我们一旦学会游泳，即使很久没游，再次泡进水里还是记得怎么游。

写作就是一种绝对成长，这门手艺不需要我们投入大量资金，只要每天挤出一点时间，随时随地都可以进行写作，让我们一生受益。

普通人逆袭的最佳武器

有一个北漂族，每天背着几十斤明信片去摆地摊，在朝阳大悦城卖衣服，一个月收入 3000 元。他羞于告诉家里人自己的职业，可是自从进入新媒体领域，他年入百万元。这个人叫粥左罗，是头部自媒体人、资深写作导师。

有一个女孩子，高中没毕业，穷到口袋里只有 2 元钱，靠乞讨要饭，和家人挤在广州东莞的鞋厂里打工。在租住的逼仄街道里，她拿起新媒体之笔，记录平凡生活里老百姓的喜怒哀乐，笔耕不辍。后来她的文章屡屡出现在人民日报和新华社的《夜读》栏目里，她也受邀去了人民日报，这个人叫田小青，笔名是“二次元猫小姐”。

有这么一个姑娘，她从小是留守儿童，高中毕业后就出去打工了。她痴迷于文学，为了心中的橄榄树，21 岁去非洲安哥拉修铁路。婚姻不幸、生活贫苦都不曾让她放弃写作之笔，她先后出版了《苍凉了绿》《你配得上更好的幸福》等。后来，她成为了多所院校的客座教授，同时还是陕西西咸新区作协文学院副院长，成就了自己的写作梦想。这个人叫沉香红，如今的她即将去美国宾夕法尼亚州立大学留学。

她是理工科女生，大学念自动化专业，研究生读控制科学与工程专业，也完全没有写作的爱好。令人啼笑皆非的是，她每门功课成绩都很好，唯独语文成绩很差，作文也是令她头痛的事情。谁也没有想到，如今她成为了带领 2 万人写作的导师。面对产后焦虑、事业停滞，当生活陷入无边泥沼，她用 400 字的日记改写了命运。深耕写作 8 年，她成功出版了三本畅销书，成为了作家。她是弘丹，是弘丹写作的创始人，当当影响力作家，也是《精进写作》等书的作者。

《奥义书》里说：“剃刀边缘无比锋利，欲通过者无不艰辛；是故智者常言，救赎之道难行。”写作这条救赎之道虽不容易，却是普通人逆袭成本最低的道路。

记录生命：让人生有迹可循

阿根廷作家博尔赫斯曾说：“我写作，不是为了名声，也不是为了特定的读者，我写作是为了光阴的流逝使我心安。”

每个人来到这个世界都有自己独一无二的价值。现在是创作者的黄金时代，只要我们愿意拿起笔，记录自己的喜乐哀愁，互联网就会留下我们来过的痕迹。如果有一天，我们离开了这个世界，我们写作的使命也可以传承给后人，他人还能靠文字了解我们的故事。

我喜欢每过一个阶段就记录自己的心得和成长，尤其是里程碑事件。一年 365 天，每天写一句话记录当天的心情或者感悟。每当跨年时我会回顾一下自己每一年的成长轨迹。

作家弘丹说：“生命终有尽头，而文字却可以穿越时空，写作会让你的成长有迹可循。”

疗愈内心

我们总是步履匆匆，很多时候忘了让灵魂跟上自己的脚步，在世俗的生活中挣扎，有着各自的课题，有些故事无人可谈，有些心事谈了也枉然。这时，很多人会选择写作，将自己的所见所思记录在日记本或者某个自媒体账号上，如美篇、简书、公众号等。

写作就像一个心理咨询师，搭起一座我们与内心的桥梁，帮我们更加了解自己。比如，当我们难过时，写作记录可以帮我们不断追问情绪产生的原因，疏通心中的郁结，让我们更具有觉察的灵性，不会被他人左右。这个过程就像给伤口贴了一片创口贴，慢慢治愈伤口。

而且这些写作自留地往往也会得到许多人的留言互动，让我们得到开导，以新的视角来看待问题。

倒逼成长

写作拓宽思维认知，突破认知壁垒。

输出需要不断输入，写作倒逼我们大量阅读，我们会丰富自己的知识库，不断得到充电。与此同时，随着我们的认知逐步提升，我们看待很多事情会越加通透，人际关系也会随之改善。

美团创始人王兴曾说："多数人为了逃避真正的思考，愿意做任何事情。"

持续写作可以倒逼自己思考，提升思考深度并产生独特见解，同时也能提高文字表达能力。

促进沟通

清华大学成立了写作与沟通教学中心，让所有本科生共同学习写作。彭刚教授曾说过开设写作课程的原因："通过高挑战度的小班训练，显著提升学生的写作表达能力、提高沟通交流能力、培养逻辑思维和批判性思维的能力。"

这说明写作可以加深我们对事物的认识，让我们更充分地传达信息，从而提高我们的沟通效率。我们每天都在进行各种各样的沟通，从发朋友圈到回复邮件，再到写工作总结，我们无时无刻不在和外界互动着。通过坚持写作，我们可以让自己的表达更加流畅、连贯，从而更准确地表达自己的内在想法，产生最佳的沟通效果。

有效社交，找到同类

对于内向的人来说，写作就像一根救命稻草。他们不爱社交，却常常把心中所想诉诸笔端，去表达自己的内心。

写作不仅让内向的人找到自己的同频者，同时也让他们有了表达自我的渠道，获得更多的社交机会。这种非传统的社交不仅丰富了内向的人的交流方式，还使内向的人找到了属于自己的一片天空，让他们在阅读与创作中慢慢成长，并相互扶持、共同进步。

写作是定投，是一项保值、增值的技能

李笑来说："提高时间单价的方法，就是想办法把原来的一份时间，卖出更多份。"

在写作初期，写作者通常是靠一篇文章赚取一篇文章的报酬；但随着时间的推移，写作者可以不断累积自己的作品，从而实现一次努力也能够重复赚取收入的目标。

比如，制作自己的电子语音或者视频课程，每增加一位购买者，时间单价就会提升。罗辑思维是知识付费做得比较成功的例子之一，此外，以教育为核心理念的得到 App 推出多个付费栏目，包括课程、电子书、听书等，同时在全国 11 座城市开办了"得到大学"线下活动。

随着电商对社会生活的深入渗透，学会写作对于有自己产品的创业者来说将是一项有利的技能。一篇好的文案可以把销量平平的商品变成畅销产品，而一篇差的文案则可能让高质量的产品无人问

津。因此，学会写作对于提高产品销量有着重要的作用。

实现价值杠杆，达到人生跃迁

一个普通的在校大学生，业余时间很喜欢在网上写作。有一次，他写了一篇名为《我们为什么要创业？》的文章，分享了自己创业的心路历程和思考。互联网大佬丁磊偶然在网上看到了这篇文章，被深深地吸引。

丁磊邀请他到网易进行演讲，与网易员工分享自己的创业经历，还把他引荐给了段永平。后来，这个年轻人的公司成功上市，成为估值仅次于腾讯的中国又一大企业。

这个年轻人叫黄峥，他的企业叫作拼多多。

全中国优秀的计算机专业的大学生多如牛毛，如果黄峥当时没有公开写作，就不一定能在20多岁的年纪得到知名企业家的赏识。写作和传播为他带来了价值杠杆，产生了影响力溢价。

坚持写作的人往往逻辑性强，学习能力超凡。他们能与自己对话，厘清内在关系；能承认自己才疏学浅，但不停地创造，追寻存在与意义；有延迟享受的能力，并坚持自己认为值得坚持的一切。他们通过写作沉淀焦虑与不安，收获平静安宁的内心，重拾真诚与善意，摒弃自负与乖张。

写作也许不会让我们一夜暴富、流量暴增，但能让我们遇见内心滚烫的自己。

写作时请完全沉浸在自己的世界里，要相信，现在诞生于我们笔下的这些文字，是这世上独一无二、最为珍贵的文字。

正如作家弘丹所说：“每一个不曾写作的日子，都是对生命的辜负。”

第 8 章伴手礼

1. 复盘糖果

（1）8 大创意写作法十分高效，可以撬动写作潜能：随心性写作、笔记法写作、增补法写作、刻意性写作、卡片式写作、一句话写作、复述式写作、ChatGPT 写作。

（2）只要找对方法，人人都能出书，普通人出书可以从以下 6 个方面努力：聚焦时间、主动出击、拆解任务、突破束缚、链接牛人、下定决心。

（3）想要靠写作实现人生跃迁，建议朝向这 7 个方向努力：目光长远、空杯心态、格局逆袭、深耕优势领域、保持热爱、近悦远来、修炼自己。

（4）写作的红利远比你想象得多：逆袭的最佳武器、记录生命、疗愈内心、倒逼成长、促进沟通、有效社交、保值增值、实现价值杠杆。

2. 解惑锦囊

Q： 怎么借助牛人或平台为自己最大程度地背书？

A： 以下方法都可以尝试。

（1）报牛人的课程，成为对方的学员，最近距离接触牛人。

（2）做到无限利他，找到机会帮牛人一个忙。

（3）成为平台的签约作者或者影响力人物，为平台创造价值，平时尽力推广和维护平台。

Q：如何规划自己的产品矩阵？

A： 谈到打造个人品牌时，在早期阶段就需要提前规划好产品矩阵。想象一下，如果你只有一款单一的知识型产品，而且这个产品并非生活必需品，那么客户就很可能不会重复购买。

产品矩阵包含三类核心产品。

影响力产品（引流型产品）：主要作用是吸引潜在目标用户，然后通过运营等方式，让他们成为你的客户。

回报型产品（利润型产品）：能够带来现金流和利润，它能真正为你带来收益。

锚定型产品：心理学中有一个概念叫做锚定效应，意思是人们在做决策时会过度依赖第一手获得的信息。因此，如果你有产品 A 和产品 B，并且希望重点推广产品 B，那么产品 A 的定价就一定要比产品 B 高。这样，当消费者看到这两款产品时，才更有可能选择购买产品 B。

通过规划好产品矩阵，你可以在打造个人品牌时更好地吸引客户、获得利润，并利用心理学原理提升销量。重要的是根据自己的定位和目标受众选择适合的产品类型，并合理定价以满足市场需求。

Q：出版一本书的基本流程是什么？

A： 出版一本书一般包含了以下 5 个流程。

（1）准备大纲和样章

为了出版一本书，首先需要准备相关资料，包括作者简介、写作能力、专业能力和粉丝数量等。同时，确定选题和目标读者群体，以及书籍的内容、目录和亮点。还需要准备 3 ～ 5 篇样章，供编辑了解你的写作水平和书籍内容。

（2）确定大纲，开始创作

在签署出版合同后，根据拟定的大纲开始写书稿。在写作过程中，可以根据新的想法调整大纲。在正式创作之前确定最终的大纲，然后开始创作具体内容。

（3）拆解写作任务，制订写作计划

为了避免拖延，需要给自己制订详细的写作计划。将整本书拆分为多个小任务，并按照小任务来安排每周的写作进度。这样做可以帮助你更好地管理时间，逐步完成写作任务。

（4）进行修改完善

完成初稿后，需要进行修改。修改是一个耗时的过程，务必预留充足的时间。你所看到的这本书的修改时间往往比写初稿的时间更长。初稿完成后，进行多次逐字逐句的修改，然后提交给出版社的编辑进行三审三校，最终定稿出版。

（5）配合营销活动

完成书稿并不代表完成一切。书籍出版后的营销和宣传至关重要。你需要配合出版社进行一些营销活动，例如参加新书签售活动、在各大平台上进行直播或线上分享等。如果你有资源，也可以利用自身力量来宣传书籍。

3. 小试牛刀

（1）盘点一下，你已经享受到（或者最想享受）写作的哪些红利？把原因写下来吧。

____

____

____

（2）如果你要出书，你会写一本什么主题的书？想要为什么人群解决什么问题呢？

（3）给十年后（或十年前）的自己写一段话吧。

后记

怀拙诚感恩之心，只为写作沉醉

我所做的一切，是何等微不足道。但我去做这一切，却是何等重要。

——伏尔泰

谢谢你读到这里。

世界上有那么多书店，书店里有那么多本好书，你却偏偏打开了这一本。一定是特别的缘分，让你与我的书在茫茫书海里相遇。

这本书如果只需要记住 3 个字，我期待是——爱、希望。

去热爱你的热爱，去让更多希望萌芽，在每一帧写作的日子里。

我并非汉语言文学专业出身，文字水平有限，终身写作，我仍在潜心修行的路上。

在我看来，人和人最大的区别除了认知外，还有知道和做到的区别。

如果你看完这本书后并没有行动，一定是我写得不够好；如果这本书让你有一丝启发，我将倍感荣幸，愿你在本书的留白部分马上写起来。

《文心雕龙》里有句话："凡操千曲而后晓声，观千剑而后识器。"只有写，才会写。

怀拙诚之心

著名作家唐浩明先生曾提到，"拙诚"是湖湘文化底色的重要元素。湖南人以倔强霸蛮的民风和朴厚务实的学术孕育了拙诚的群体品质。

作为土生土长的湖南人，我深感写作的艺术亦承载着拙诚的内涵。在我的理解中，拙诚体现的是一种匠心的坚守，是湖湘精神中"霸得蛮"的特质。

百技不如一诚，正如有句话所说：“没有一条道路可以通向真诚，真诚本身就是通向一切的道路。”诚实地面对读者，更要忠于自己，唯有如此，这条路才不至于走得面目可憎。

另外，很想分享金庸先生书中独孤求败刻于石壁上的一段话给你。

凌厉刚猛，无坚不摧，弱冠前以之与河朔群雄争锋。

紫薇软剑，三十岁前所用，误伤义士不祥，悔恨无已，乃弃之深谷。

重剑无锋，大巧不工。四十岁前恃之横行天下。

四十岁后，不滞于物，草木竹石均可为剑。自此精修，渐进于无剑胜有剑之境。

在跑之前先学会走，不要轻视技巧，学习套路是为了反套路，真正的高手已经将各种技法烂熟于心，内化为自己的功力。

功夫在诗外，无处不是术，无处不是道。写作是一种修行，让我们受益终身。

感恩常在

23 岁那年，我在国家级贫困县支教。扎根基层，欣喜于乡村教育的巨变，我第一次感受到时代带给我的震撼。

第二次震撼，则是我开始新媒体写作后，从一个小白变成签约千万级平台的作家，甚至可以和许多我仰慕的作家对话。

有人说：“光阴者，百代之过客也；唯有奋力奔跑，方能生风起时。是时代造英雄，英雄存在于时代。”离开了时代，今天的这一切或许只是泡影。

今天的我们如果在各自的领域取得了一点成绩或者成功，也许不是因为努力，而是因为我们被选择，被时代、平台或机遇等选择。

感恩生命中的每一位恩师，他们的谆谆教诲我不曾忘却，唯有传承给后行者，才是对他们最好的回报。

感谢清华大学出版社的厚爱，感谢编辑张立红老师的悉心教导，感谢秋叶大叔、陈彩霞女士、李冬先生的鼎力相助……

无论你身处何地，从事何种职业，也无论你经历了多少风雨，我想对你说：人生历程可能困难重重，命运也许并不公正，但请你依然要相信，恒心者恒产，总有一天，你的热爱会转身拥抱你！

青春因写作不朽

10 岁那年，因为一本《读者》，我迷上了文字，在家对面的新华书店度过了童年最快乐的一段时光；30 岁那年，我加入作家协会，无意间遇到了校友，意外得知，10 年前，我们竟先后运营过同一份校刊。

那一年我 20 岁，一路上哼着歌儿穿过校园葱茏的林荫道，赶往印刷厂去拿新鲜出炉的校刊，每一步都踩在幸福里。

十年打马而过，这一切恍然如昨。

很喜欢一段话："年少的梦啊，有些很幸运地实现了，有些被遗忘在了风中。而什么时候有过什么样的一个梦，其实并不是很重要，重要的是我们曾经为了这个梦如此热烈地爱过，执着地追求过，勇敢地拼搏过。"

岁月流转，青春却因写作不朽；世事变迁，我仍愿为之沉醉，沉醉不知归路……

新媒体写作进阶书单

1. [美] 安・汉德利:《众媒时代》，王琼译，北京：中国人民大学出版社，2016.

2. [美] 罗伯特・麦基:《故事：材质、结构、风格和银幕剧作的原理》，周铁东译，天津：天津人民出版社，2014.

3. [美] 史蒂芬・平克:《风格感觉：21 世纪写作指南》，王烁、王佩译，北京：机械工业出版社，2018.

4. [美] 劳拉・布朗:《完全写作指南：从提笔就怕到什么都能写》，袁婧译，2017.

5. 梅赐琪:《清华写作与沟通课教学案例集》，北京：清华大学出版社，2022.

6. 张书乐:《自媒体写作从入门到精通》，北京：清华大学出版社，2022.

7. 师北宸:《让写作成为自我精进的武器》，北京：中信出版社，2019.

8. 周岭:《认知觉醒》，北京：人民邮电出版社，2020.

9. 伍越歌:《1000 个铁粉》，北京：人民邮电出版社，2022.

10. 金枪大叔:《借势》，北京联合出版有限公司，2022.

我的新媒体读书清单

列下你未来半年的新媒体读书清单吧！